国際私法・国際取引法の諸問題

多喜　寛　編著

日本比較法研究所
研究叢書
80

中央大学出版部

装幀　道吉　剛

はしがき

　本書は，国際私法・国際取引法に関する既発表の論稿をまとめたもの（多少の加筆・修正を含む）である。それは，編者の単独執筆による「新仲裁法 36 条（仲裁判断において準拠すべき法）に関する覚書」法学新報第 112 巻第 11・12 号（2006 年），「国際的二重起訴（国際的訴訟競合）に関する覚書」法学新報第 109 巻第 3 号（2002 年），関水信和氏との共同執筆による「国際開発金融機関の貸付協定の『準拠法』条項について——世界銀行型から欧州復興開発銀行型へ——」比較法雑誌第 37 巻第 1 号（2003 年），編者の単独執筆による「国際私法と統一法条約の関係について」日本国際経済法学会年報第 14 号（2005 年），「フランスの判例における国際労働契約」法学新報 98 巻第 1・2 号（1991 年），「国際養子縁組」国際法学会編『日本と国際法の百年　第 5 巻　個人と家族』（2001 年）からなる。それらの多くは既存の見解につきなんらかの問題点の指摘や提言を意図している。以下には，重要と思われる点に焦点をしぼって紹介しておこう。

　第 1 章では，まず，仲裁法はその 36 条において法による仲裁に関する 1 項と 2 項の場合に関わるものとして 4 項を設けたが，それについて次のような問題点が指摘される。つまり，『立法担当者』・『立法に関与した者』が立脚していたと思われる伝統的な抵触法的アプローチを前提とする限り，4 項は単に不必要な規定であるにとどまらず，ミスリーディングな規定でさえある，という評価を受けざるをえない。もし 4 項に積極的な意義を見出そうとするならば，1 項と 2 項の抵触法的アプローチには，契約条項や取引慣行が存在しない又は不明確な場合にはじめて存在意義が認められるという，補充的な役割しか与え

られないことになる，と．次に，仲裁法はその36条において衡平と善による仲裁に関する3項の場合にも関わるものとして4項を設けたが，それでは衡平と善による仲裁（友誼的仲裁）の場合における仲裁人の権限の特質が考慮に入れられないことになってしまうということが，指摘される．

第2章では，まず，国際訴訟競合に関する規制消極説は法規の欠缺を「民事訴訟法142条の反対解釈」によって補充するものとして捉えられるべきであることが指摘される．ついで，欠缺を「民訴法142条の類推」によって補充するものとして捉えられるべき承認予測説に対してしばしば投げかけられる，当事者の公平や証拠収集の便宜の面から適切でないと思われる外国裁判所に最初に訴えが提起された場合にも内国後訴を規制してしまうという批判については，同説のもとでも，承認予測の際の承認管轄の基準（特に判例の特段の事情の法理）の使用によって，『適切な訴訟地への訴訟の引き戻し』（内国後訴の維持）が可能である，ということが指摘される．また，国際裁判管轄の枠内で訴訟競合の問題を処理する比較衡量説については，裁判を事案ごとの裁判官の裁量的な判断に委ねるべきではないという，しばしば言及されてきた問題点のほかに，わが国の民事訴訟法の体系に沿わないので体系的解釈の観点からしても問題を含むことが指摘される．さらに，同説のもとで内国後訴を規制する際に「外国判決の承認可能性予測の要件を付加することに反対すべき合理的な理由がない」のではないのかという問題も提出される．

第3章では，まず，IBRDやEBRDと加盟国との間で締結される貸付協定や保証協定については，国際法上の pacta sunt servanda の原則が適用されることになるので，抵触法的アプローチを前提とした意味での準拠法は問題とならないことになり，したがってEBRDの標準条項において『仲裁法廷によって適用されるべき法』として掲げられている『国際公法』は準拠法ではないということになるはずである旨が，指摘される．ついで，国際開発金融機関と国家でないもの（地方自治体や民間企業など）との間で締結される貸付協定については，抵触法的アプローチが可能となり，EBRDの標準条項において『仲裁法廷によって適用されるべき法』として掲げられている『国際公法』は準拠法と

して考えられることになるが，それについては問題が少なくはない旨が，指摘される。

　第4章では，まず，統一法条約と国際私法の関係について従来，伝統的な考え方，統一法条約の直接適用の可能性を認める立場，特別抵触規定説及び体系際規則によるとする説が「同一レベルに置かれて，そのいずれを採用すべきであるのかという形で論評されることがあるが，それは適切ではない」旨が指摘される。ついで，統一法条約について諸国の裁判所の解釈が分かれた場合との関連で，「ウィーン売買条約に関して『あまりにもバラバラな解釈がなされる』場合には，国際私法に戻らなくても，当事者は，いわゆる実質法的指定でもってかなりの部分について対処することができる」旨が指摘される。

　第5章では，労働契約の準拠法につき，当事者の選択した法は労働地法よりも労働者に有利なときに準拠法として適用される，と主張するフランスの学説の立場――これはわが国の法の適用に関する通則法12条1項・2項の立場につながる――について次のような指摘がなされる。つまり，そのような立場のもとでは，「労働契約に関して問題となる事項ごとに準拠法が労働地法になったり当事者の選択した法になったりするという，いわばモザイク的な規律がなされることになり，その結果，労働者に与えられる全体としての法的保護は労働地法も当事者の選択した法も本来的には予定していないところのものとなりうるであろう」，と。

　第6章では，まず，平成元年の法改正により，養子縁組の準拠法については，伝統的な抵触法の利益の平面において，「親の利益を中心に据えて，補充的にのみ子の利益を考慮に入れ」るという考えが示されたが，この立場――それはわが国の法の適用に関する通則法31条においても維持されている――は『家のため』又は『親のため』から『子のため』へという近時の養子法の動向にそわない，ということが指摘されている。国際裁判管轄については，「子の福祉を図るのにふさわしい国の裁判所に国際裁判管轄を認めるべきであるという観点からすると，判例と学説の多数の立場はまったく問題を含んでいないわけではないこと」が指摘されている。

本書をこのような形でまとめるにあたっては，中央大学法学部の同僚山内惟介教授の学問的刺激によるところが多い。本書の内容が教授の期待に応えられうるようなものになっていないのが甚だ遺憾であるが，ここに謝意を述べさせていいただく。

　本書を折茂　豊先生のご霊前に捧げる。

　　　2010 年 12 月 1 日

多　喜　寛

国際私法・国際取引法の諸問題

目　　次

はしがき　*i*

第 1 章　新仲裁法 36 条（仲裁判断において準拠すべき法）に
　　　　関する覚書 ·· *1*

　1　はじめに　*1*
　2　36 条と国内仲裁・国際仲裁　*2*
　3　36 条 1 項における「法」　*5*
　4　36 条 2 項の最密接関連法と「国の法令」　*9*
　5　36 条 4 項の意義　*11*
　6　おわりに　*23*

第 2 章　国際的二重起訴（国際的訴訟競合）に関する覚書 ············· *33*

　1　はじめに　*33*
　2　内国後訴を規制しない立場　*34*
　3　内国後訴を規制する立場　*38*
　　（1）承認予測説　*39*
　　（2）比較衡量説（利益衡量説・適切な法廷地説・裁判管轄説）
　　　　43
　　（3）折　衷　説　*54*
　4　おわりに　*57*

第 3 章　国際開発金融機関の貸付協定の「準拠法」条項について
　　　　──世界銀行型から欧州復興開発銀行型へ── ···················· *73*

　1　はじめに　*73*
　2　IBRD の標準条項　*74*
　　（1）General Conditions の Section 10.01　*74*

（2）　General Conditions の Section 10.04　*81*

　3　EBRD の標準条項　*81*

　　（1）　STC の Section 8.01　*83*

　　（2）　STC の Section 8.04　*83*

　4　お わ り に　*85*

第 4 章　国際私法と統一法条約の関係について······*95*

　1　は じ め に　*95*

　2　従来の諸見解　*95*

　3　分析及び検討　*99*

　4　お わ り に　*107*

第 5 章　フランスの判例における国際労働契約······*115*

　1　は じ め に　*115*

　2　フランスの判例（1）　*115*

　3　フランスの判例（2）　*123*

　4　フランスの判例（3）　*126*

　5　若干の考察　*130*

第 6 章　国 際 養 子 縁 組······*139*

　1　は じ め に　*139*

　2　準　拠　法　*139*

　3　国際裁判管轄　*153*

　4　お わ り に　*162*

初 出 一 覧　*167*

第1章
新仲裁法36条（仲裁判断において準拠すべき法）に関する覚書

1 はじめに

　わが国では平成15年7月25日に新しい仲裁法が成立し，そしてそれが平成16年3月1日に施行された。この新仲裁法は，UNCITRAL（国連国際商取引法委員会）が1985年に作成した「『国際商事仲裁モデル法』にできる限り準拠しつつ，日本の実情にも配慮したもの」[1]とされている。そして，仲裁判断において準拠すべき法に関して定める同法36条については，「モデル法にほぼ準拠し」たもの[2]とみなされている。そのように新仲裁法36条の模範とされたモデル法の条文というのは，28条である。その28条については，筆者はかつて批判的な分析を試みたことがある[3]。そのような事情もあって，筆者は，今度は新仲裁法36条について論じようとする。

　新仲裁法についてはこれまで学者や実務家や立案担当者などによっていくつかの座談会や研究会がもたれ，それらの貴重な成果はすでに公表されている。そこで本稿は，新仲裁法の36条に関する座談会や研究会の論議[4]を参考にしつつ，そこで取り上げられた問題のいくつかについて検討することを目的とする。

　なお，本章は新仲裁法の立法関係者をとりまく諸条件について特別な配慮を払っていない。したがって，本稿は，UNCITRAL国際商事仲裁モデル法をそのまま採用するか，それともそれに一定の修正を加えた形で採用するか，あるいはそれを採用しないかなどといった問題は法的には諸国家の自由である，と

いうモデル法本来の考え方から論ずることになる。

2　36条と国内仲裁・国際仲裁

まず，山本和彦教授は「仲裁判断において準拠すべき法について定めた仲裁法36条の規定に関する部分」は「必ずしも国際的な場面だけに限られた規律ではありません」[5]と述べられる。そうとすると，36条は国際的仲裁の場合のみならず国内的仲裁の場合をも念頭においた規定ということになろう。そのような観点からすると，新仲裁法においては国際仲裁と国内仲裁の区別の基準が示されていないという事実もよく理解できることになる。36条が国際仲裁にのみ適用される規定であるならば，新仲裁法においては国際仲裁と国内仲裁の区別の基準を示す必要があるからである。その点については，国際仲裁のみを念頭において作成されたUNCITRALのモデル法はそのような基準を示す規定を有していた[6]ことが注目される。しかし，36条をそのように国内仲裁にも適用されるべき規定であるとすると，当事者は純然たる国内的事案においても抵触法的アプローチ──事件ごとにどこの国の法が適用されるべきか（準拠法はどこの国の法であるか）を決めない限り事件について一切判断できないという思考方法──のもとに内国法とは異なる外国法などを「仲裁廷が仲裁判断において準拠すべき法」として選択することが可能となろう。しかし，そのようなことはこれまで訴訟の場合には決して認められてこなかったのではなかろうか。それでは，はたして仲裁の場合には特にそのようなことを認める必要があるのであろうか。仲裁の場合についてもこれまでそのようなことを認める規定が存在しなかったのではなかろうか。正当にも，中野俊一郎教授が次のように述べられる。

「外国法による国内仲裁という特異なものについて正当な必要性を認めることができるか，あるいは，それが国内仲裁の規律方法として適当なものか，といった点について，積極的な答えを出すのは難しいのではないかと思

います」[7]。「純国内的な事件について，外国法を準拠法とする必要性はおそらくないだろう」[8]。

ところで，上記の中野教授の見解との関連で，山本教授は「外国法の指定を認めることによる弊害というのは，どのようなことが考えられるのでしょうか」[9]と質問をされる。これに対して中野教授は，「よく言われますのは，強行法規の潜脱というものですね」[10]と答えられる。そして，それとの関連で，出井直樹教授が「いまおっしゃった日本の強行法規を潜脱するというのは，それは強行法規すべてではなく，公序たる強行法規というふうに理解してよろしいですか」[11]と発言されたのに対して，中野教授が「そうです」[12]と答えられた。そして，それに続いて，出井教授が次のように述べられる。

「純国内的な事件あるいは契約について，外国法を準拠法として合意する必要性が果たしてどれだけあるのかということは，実務的には非常に疑問だと思います。しかし，逆にそのような場合に，外国法の指定を認めることで，どういう弊害があるのかということを考えてみても，こちらのほうも日本の公法は日本法が適用されるわけですし，公序に当るものも日本法が適用されるわけですから，外国法の適用を認めても，それほど弊害はないようにも思えます。したがって，結論としては，どちらでもいい問題ではないかと思っております」[13]。

この出井教授の発言でもって当該問題に関する議論は終わっているが，出井教授の質問——日本の強行法規の潜脱という言葉のもとに念頭におかれているのは「強行法規すべて」ではなく「公序たる強行法規」のみであるのかという質問——に対する中野教授の「そうです」という答えは実は誤解を招きやすいものであったように思われる。というのは，外国法の指定を認めることによって危惧される「強行法規の潜脱」という言葉のもとで考えられうる強行法規とは，「強行法規すべて」のなかから「公序たる強行法規」又は「日本の公法」

を除いたもの——なぜならば「日本の公法は日本法が適用されるわけですし，公序に当るものも日本法が適用される」（出井教授）から——を指すと考えられるからである。そのことを意識すると，純国内的な事件に準拠法として外国法を適用することを認めるか否かは「結論としては，どちらでもいい問題」——その結論は中野教授の上記のような答えを前提としている——ではないように思われる。これに対しては，日本法の適用のもとにおいても当事者は外国法を契約のなかに取り込むこと（いわゆる実質法上の指定）によって，仲裁人を外国法の適用に導くことができるのではないのか，という反論が考えられうる。しかし，そのような仕方で外国法の適用が認められるのは，換言すれば実質法上の指定が許されるのは，日本法の強行法規の枠内においてのみである，ということに注意すべきであろう。このようにみてくると，36条を国内仲裁にも適用されるべきものとして定立することに対しては，次のような問題が提出されうるであろう。つまり，何故に純国内的な民事事件について抵触法的アプローチのもとに当事者に外国法などを準拠法として選択させることによって，日本法（特に「強行法規すべて」のなかから「公序たる強行法規」又は「日本の公法」を除いたもの）の適用を回避する可能性を当事者に認めるべきであるのか，と。純国内的な民事事件について抵触法的アプローチのもとに当事者に外国法などを準拠法として選択させる——国内法の強行法規の適用を回避させる——というようなことはこれまで認められてこなかったように思われる。そうでないと，何故に国内法（強行規定を伴う民商法など）が設けられたのかが問われることになるからである。いずれにせよ，新仲裁法36条は，純国内的な民事事件について抵触法的アプローチのもとに当事者に外国法などを準拠法として選択させる——国内法の強行法規の適用を回避させる——という立場を採用した点において，比較法的にみても極めて珍しい規定ということになるのではなかろうか。

3　36条1項における「法」

　36条1項によると、仲裁廷が仲裁判断において準拠すべき「法」は、当事者が合意により定めたところのものである。そこでは、適用されるべきものが「法」となっていて、同条2項の「国の法令」ではない。これは、モデル法の28条1項前段の rules of law と同条2項の law の使い分けに対応するものである。モデル法28条1項の起草過程においてはこの種の場合に従来一般に使用されてきた law という言葉に替えて rules of law という言葉を使用すべきかどうかが激しい論議の対象となったようであるが、結局、rules of law という言葉がモデル法のなかに取り入れられたのである[14]。その際には、rules of law という言葉によって何が意図されたのかというと、必ずしも明確ではない。委員会において rules of law という言葉の導入の賛否の際に人々の間では、当該言葉の使用のもとに未発効条約の指定、分割指定又は一部の規定を除外した形での国家法の指定、「取引慣行（trade usages）」の指定、両当事者の国家法に共通な原則や規則の指定、複数の法体系の混合の指定、所定の日時の法律の指定（準拠法の凍結）などが断片的に言及されたが、それらのすべてについて共通の了解があったわけではない[15]。

　それでは、36条1項の「法」についてはどうであろうか。その点に関しては、「立法担当者」[16]・「立法に関与した者」[17]が次のように述べる。

　　「本項でいう『法』とは、法律の規定その他の規範を指すものである。実定法に限られず、それ以外の規範を含む広い概念である。この点は、モデル法の規律と同様である。……　また、モデル法の立案時の議論においては、例えば、当事者は、未発効の条約、廃止された法律、モデル法等を準拠すべき法として指定することができるとされていた」[18]。

　そのように仲裁人が準拠すべきものとして当事者が合意できる「法」は「実

定法に限られず，それ以外の規範を含む広い概念」ということであるとしても，具体的にはいかなるものなのであろうか。その点については，上述のようにモデル法 28 条 1 項の起草過程において言及されたものが参考になる。「立法担当者」も「モデル法の立案時の議論」を引き合いに出していた。モデル法の起草過程において言及されたもののうち，近時の仲裁実務において特定の国家の法でないものとして実際に目につく形で登場してきているのは，lex mercatoria であろう[19]。また，学説においても国際取引紛争の解決にあたり lex mercatoria の適用可能性を強調する見解が有力に主張されている。おそらくそのことをふまえて中野教授は，36 条 1 項「前段にいうところの『法』という文言は，非国家法を含む広い意味で理解されるべきものだろうと考えております」[20]と述べられる。そして中村達也助教授も，「レックスメルカトリアとか，そういったものが非国家法の一つの例だとおもいます」[21]と述べられる。

ここで問題になるのは，lex mercatoria という言葉のもとに何を理解するのかであろう。この点との関連では，国際取引に関わる法現象を適確に説明するための概念としての，理論的意味における lex mercatoria（又は商人「法」）と国際取引紛争を解決するための規準としての，解釈論的意味における lex mercatoria（又は商人「法」）が区別されるべきであろう。いわゆる lex mercatoria の理論が 1964 年に Goldman によって提唱されたときには，主として前者が念頭におかれていたように思われる。そこでは国際取引の多くが大幅に国家（国家法）の枠の外で国際商人社会において慣習的に形成される固有な準則によって規律されている旨，及びその準則が商人の集団によって適用されるサンクションによって担保されているので法としての性質を有する旨が説かれた。そのように国家権力とは切り離された社会にも法が成立するという前提のもとに，国際商人社会の存在を認め，且つその国際商人社会に固有な法の成立を説くという立場は，本来的には社会学的な認識の領域に属するものである[22]。ところが，新仲裁法 36 条 1 項（又はモデル法 28 条 1 項）との関係で問題になる lex mercatoria はそのような理論的意味における lex mercatoria ではない。国際取引紛争を仲裁によって解決する際にいかなる判断規準が妥当であ

るのかという観点から問題となる解釈論的意味における lex mercatoria である[23]。したがって、そこでは、法とは何かという理論的な意味での法の定義が問われないので、lex mercatoria といえるためには国際商人社会の固有なサンクションの存在が必ずしも必要とされない。それでは、36条1項の解釈論的な意味での「法」の定義はどうあるべきであるのか、その定義からすると非国家法又は lex mercatoria の内容はどのようになるのか、ということが問われる。座談会や研究会では lex mercatoria の内容についてはあまり立ち入った論及がなされていず、それとの関連では「慣習法」が間接的な形で言及されているだけである[24]。UNCITRAL におけるモデル法の審議の際に rules of law という言葉との関連で言及されたもののなかで lex mercatoria に対応するのは、おそらく、「取引慣行（trade usages）」であろう。ところが、ここで注意しなければならないのは、最終段階でモデル法28条4項が導入され、そこにおいて「取引慣行」の考慮が定められるに至っているということである。その点は後に触れることにする。

　ところで、取引慣行──以下にはいわゆる慣習法（法的慣習）と取引慣行（事実たる慣習）の区別は重視されない[25]──との関係では次の点が指摘されうるであろう。つまり、当事者が lex mercatoria を「準拠すべき法」として選択した場合に、それでもって当事者間の紛争のすべてが解決されうるのか、という問題が提出されうる。例えば、ある程度組織化された特定の取引業界──例えば特定の産物（食品や衣類の原料など）の国際取引に関わる業界では、当該業界の国際取引紛争のみを専門的に処理すべきものとして仲裁センターが設置されており、当該業界の国際取引紛争の解決もそこで処理することが事実上強制されている──においては詳細な取引慣行が発達していて、当該業界の取引紛争の大半は当該取引慣行の適用によって処理されるということは考えられるが[26]、国際取引紛争のすべてにそのようなことがあてはまるわけではない。上記のような業界に属さないものの間の多種多様な国際取引紛争を取り扱う ICC や AAA などの常設仲裁機関の前に持ち出される国際取引紛争の場合には取引慣行が十分に発達しておらず、それだけでは問題を処理できないことが少

なくないからである。そのときにはどのようにして紛争を処理することになるのであろうか。その場合には，36条2項の「最も密接な関係がある国の法令」を適用することになるのであろうか。しかし，それについては，2項は「準拠すべき法」に関する当事者の「合意」がないときにのみ適用されるのではないのか——ここではすでに当事者の合意は存在するのに——という問題が提出されうる。その点については，当事者は取引慣行が存在する事項に限り取引慣行の適用に合意したのであり，取引慣行が存在しない事項については「準拠すべき法」に関する合意をしなかった，と解することも考えられる。しかし，それが当事者の意思の解釈として適切であるといえるかどうか，疑わしいであろう。当事者があえて特定の国家法に言及することなく，lex mercatoria のみに言及している場合には，やはり当事者の意思は国家法の適用の回避にあるのではなかろうか。その点との関連では，国際取引紛争への lex mercatoria の適用を説く代表的論者である Goldman の見解が注目されるべきであろう。彼は，lex mercatoria の名のもとに慣習法のみならず法の一般原則も考え，そうすることにより大抵の国際取引紛争を lex mercatoria によって処理できると考えていたのである[27]。そして，このように lex mercatoria の名のもとに取引慣行のみならず法の一般原則も理解するという考えは ICC の仲裁判断やフランスの裁判所によっても認められつつあるといえよう[28]。そうとすると，当事者が lex mercatoria について合意した場合には，その内容を上記のようなものとして捉えるのが学説や実務の傾向に合致し，また当事者の意思にも合致する可能性が高いということになろう。因みに，lex mercatoria の内容たる取引慣行又は法の一般原則として UNIDROIT 国際商事契約原則（UPICC）が利用される——UPICC 自身も前文においてそうなることを意図しているように——可能性がかなりあることに注意すべきであろう。そこでは取引慣行が取り入れられているのみならず，いわゆる法の一般原則の具体化といえるものが行われているように思われるからである。

　もっとも，上に述べたことは36条が法による仲裁につき伝統的な抵触法的アプローチを中心にしている——同条4項に実質的に独自な意味を認めない

──ということを前提にしている。その前提に立脚しないならば，上に述べたことは修正を要することになる。その点については後述する。

4　36条2項の最密接関連法と「国の法令」

36条2項によると，「仲裁判断において準拠すべき法」に関する当事者の合意がないときは，仲裁廷は当該紛争に「最も密接な関係がある国の法令」を適用すべきことになる。

①まず，最密接関連法というアプローチについて，青山善充教授が述べられる。「『最も密接な関連のある国の法律』というような表現は，何も書いてないのと同じだというふうに……随分前に聞かされていた」。「もしこれが使えるなら，もう国際私法の抵触法の規定は，当該事案に最も密接な国の法令を適用すべしという，たった一条の条文で済んでしまうような気がします」[29]。そして，中野教授も，「国際私法学の見地からすれば，最密接関連法を準拠法にするというのは国際私法の究極目的ではあるけれども，それでは答えが出せないので，一つ一つの法律関係ごとに連結点を決めて準拠法を決めている，だからこれでは答えになっていないという意見はありうるところだろうと思います」[30]と述べられる。

そのような発言からは，最密接関連法というアプローチは具体的な規準を示さずに，極めて抽象的・一般的な規準しか示していない，という理解が読み取られうる。そのような問題点は，実は，モデル法の起草過程においても意識されていたところでもある。つまり，モデル法の起草過程においてもすでに，一方では，国際私法規則の適用に関わる困難さや国際商事仲裁における現在の実務を理由に，仲裁人が適切と考える法規則を適用すべきであるとする見解が示されていた[31]。他方，抵触法規則への言及を削除することは仲裁人に余りにも大きな自由を与えることになり，準拠法の選択の際の確実性や予測可能性を損なうことになるという考えのもとに，仲裁人は抵触法規則によって決定されるところのものを適用すべきであるとする見解も示されていたのである[32]。結

局,後者がモデル法に取り入れられたのであるが,前者が援用していた国際仲裁実務の傾向を示す代表的な例としては,ICC の仲裁判断をあげることができるように思われる。1975 年改正の ICC 仲裁規則 13 条 3 項は,当事者に本案に適用されるべき『droit』の選択を認めたうえで,当事者による指定のないときには仲裁人が当該事件に適当と判断する「抵触規則」によって指定される『loi』を適用すべきである,と定める。そこで,その場合の「抵触規則」は特定の国家の抵触規則に限定されるのかが問題になる。その問題は,同じような定めを有する 1961 年の国際商事仲裁に関する欧州条約 7 条 1 項について議論の対象となった。その点に関しては,仲裁人は国家的抵触規則とは別個に独自の抵触規則を作成し適用できるとみなす見解が有力であった。そして ICC 仲裁判断も同様な態度を示していた[33]。1998 年の ICC 仲裁規則改正における 17 条 1 項 2 文は,適用されるべき règles de droit についての当事者の合意がないときは仲裁人が適切と判断する règles de droit を適用すると定めている。これは従来の ICC 仲裁判断の動向を明文化したものとして理解できる。わが国の仲裁法 36 条 2 項も(ドイツ仲裁法 1051 条 2 項や韓国仲裁法 29 条 2 項と同様に)このような流れのなかで捉えられるべきであろう。最も密接な関係のある法を適用すべきであるとする立場と最も適切な法を適用すべきであるとする立場との間には本質的な相違が存しないと思われるからである。その意味で,モデル法 28 条 2 項よりも仲裁法 36 条 2 項の方が「国際仲裁実務において顕著である法選択問題に関する自由な判断への傾向」[34]に対応するといえよう。

②次に,「国の法令」という言葉について,「立法担当者」・「立法に関与した者」の一人である近藤昌昭氏が述べられる。「2 項でいっている法令というのは,いま生きている国家法体系というものが含まれているのであって,それ以外の 36 条 1 項の「法」といった場合には,非国家法や廃止された法律であるとか,未発効の条約というようなことが UNCITRAL の会議でも議論されているのですが,2 項の『法令』にはそういうものは一切入ってこないと考えています」[35]。

モデル法 28 条 2 項も,rules of law の適用を定める 1 項とは異なり,law の

適用を定めており，そしてその場合の law は国家法を指すものとして理解されている[36]。それを受けついだ形で，近藤氏も新仲裁法 36 条 2 項の「国の法令」が国家法を指すものと考えているのである。しかし，この点との関連では 1975 年改正の ICC 仲裁規則 13 条 3 項が注目される。先にも述べたように，当該規定は，モデル法や新仲裁法と同様に，当事者による droit の指定のないときには仲裁人は loi を適用すべきである，と定める。そのように droit と異なるものとしての loi は国家法を意味すると解するのが素直な読み方と思われるが，仲裁実務はそれとは異なる方向に向かった。つまり，当事者による droit の指定のないときに国家法ではなく，法の一般原則や取引慣行といったいわゆる lex mercatoria を適用する仲裁判断がいくつか出現するに至り，フランスの裁判所もそれを——当事者の一方がそれを仲裁人の任務違反や対審の原則の違反に該当するものと主張したにもかかわらず——ICC 仲裁規則 13 条 3 項の loi の適用による仲裁判断とみなしていた[37]。そして，先にも触れたように，1998 年の ICC 仲裁規則改正における 17 条 1 項 2 文は，règles de droit についての当事者の合意がないときは仲裁人が適切と判断する règles de droit を適用すると定めているが，これは従来の ICC 仲裁判断の動向を明文化したものであろう[38]。その意味で，わが国の新仲裁法 36 条 2 項の「国の法令」という観念は，ICC 仲裁実務にあわないということになろう。もしその点との関連で仲裁法 36 条を ICC 仲裁実務に強引にあわせようとするならば，36 条 1 項の「合意」が仮定的な黙示の合意をも含むというような解釈——それは，日本の通説・判例が法例 7 条 1 項の「当事者ノ意思」を仮定的な黙示意思をも含むと解することにより 2 項の意義を大幅に縮減したのと同じように，36 条 2 項の意義を大幅に縮減することになる——に訴えることにでもなろうか。

5　36 条 4 項の意義

36 条 4 項は仲裁人に，契約条項に従って且つ慣習を考慮に入れて判断すべき旨を命じている。これはモデル法 28 条 4 項——それによると「いかなる場

合においても」仲裁人は契約条項に従って判断し取引慣行を考慮に入れなければならない——に対応するものであるが，モデル法の規定に含まれていた文言の一部が削除されている。「いかなる場合においても」という文言である。この点については，「立法担当者」・「立法に関与した者」は，3項の衡平と善による仲裁[39]との関連で次のように説明している。

　「本項は，仲裁廷が契約に従って判断すべきことを定めるが，第3項は，契約の適用が具体的正義に反する場合にはそれを排除することを可能とするように読める規定であるため，第4項と第3項との優先関係が問題となる。そこで，新法においては，契約の定めに従うべきであるとの本項の規律が常に優先するものではないと整理し，この点に関する疑義を回避するため，『いかなる場合においても』を削除したものである」[40]。

　また，「立法担当者」・「立法に関与したもの」の一人である近藤氏が次のように述べられる。

　「モデル法では，『イン・オール・ケーシーズ』ということでいまおっしゃられたように，3項の場合にも適用される形になっています。その場合に『取引に適用され，業界の慣行について必ずそれを考慮に入れなければいけない』というふうになっているわけです。その場合に『衡平と善』との関係をどのように見るのか。『衡平と善』によって判断した結果が，この慣習というものを前提にしなければいけない，というふうにその表現ぶりだと直接的には考えられるのですが，『衡平と善』というのは，慣習だとか何とかということも全部前提にして，結果の妥当性を求めるところに衡平と善がありますので，論理的にはコンフリクトが生じてしまうのではないかと思いました。それを避けるために，『いかなる場合にも』というものを外したということです」[41]。

そこで述べられている趣旨は次のようなところにあるように思われる。つまり，モデル法28条4項のような規定をそのまま仲裁法に取り入れるときには，衡平と善による仲裁（友誼的仲裁）の場合にも仲裁人は契約条項又は取引慣行を厳格に適用しなければならないかのように読めるが，それでは当該仲裁の場合における仲裁人の権限の特質の最たるもの――契約条項などの適用結果が衡平に反すると思われる場合にその適用結果を緩和・軽減するという権限[42]――を認めないことになってしまうという印象を与える。そこで，そのような誤解を招かないようにするために，モデル法28条4項を「いかなる場合においても」という文言を除いた形で新仲裁法に取り入れることにした，と。しかし，その意図は「いかなる場合においても」という文言を削除するだけで十分に実現されるのであろうか。新仲裁法36条の1項，2項，3項及び4項の規定の仕方からみて，4項が法による仲裁の場合（1項及び2項）にも衡平と善による仲裁の場合（3項）にも関わることは明らかだからである。つまり，素直に読むと，法による仲裁の場合にも衡平と善による仲裁の場合にも仲裁人は契約条項に従って且つ慣習を考慮に入れて判断すべきことになるからである。実際にも，「立法担当者」・「立法に関与した者」の一人である内堀宏達氏も次のように述べられる。

「4項は，いずれの場合にあっても，仲裁廷は，仲裁手続に付された紛争について契約があるときはこれを考慮すべきこと，また，適用可能な慣習があるときにはこれを考慮すべきことを定めております」[43]。

また，同じく「立法担当者」・「立法に関与した者」の一人である近藤氏も，「3項の善と衡平による場合も4項はかぶるという理解」でよいのかという中村助教授の質問に対して「はい」と答えている[44]。

それではやはり衡平と善による仲裁の場合にも仲裁人は契約条項に従って且つ慣習を考慮に入れて判断すべきことになり，上記のような誤解を招きかねないということになるのではなかろうか。

但し，中村助教授は次のように述べておられる。

「『いかなる場合においても』というのを外したということは，特に意味はなかったように思います。モデル法だと，28条4項に『イン・オール・ケーシーズ』というのがありますのでそれに相当するのだと思います。モデル法の考え方としては，仲裁法でいくと36条1項・2項・3項が適用される場合にも4項がそれぞれ適用されていくのだ，ということだと思うのです。したがって，3項の『衡平と善』による場合の優劣関係から，『いかなる場合においても』ということを採用されなかったということは特に理由がないように思われます」。「優劣関係というのは，モデル法では考慮しないので，したがって『いかなる場合においても』というものがあってもなくても結論としては同じです」[45]。

この点との関連では，まず，モデル法の起草過程の事情を理解しておくことが有益である。起草過程では早い段階から衡平と善による仲裁（又は友誼的仲裁）の場合における仲裁人の任務とその限界を実用的な仕方で定めることは極めて困難であることが気づかれて，契約条項に従って且つ取引慣行を考慮に入れて判断すべき旨の規定を衡平と善による仲裁（又は友誼的仲裁）につき設けない方向性が打ち出された。つまり，契約条項に従って且つ取引慣行を考慮に入れて判断すべき旨の規定が設けられた第1次草案及び第2次草案においても，それは衡平と善による仲裁（又は友誼的仲裁）には関わらず，法による仲裁のみに関わる形にされているのである。そして，第4次草案や第5次草案ではそのような規定そのものが法による仲裁についても削除されてしまったのである。ところが，最後の段階たる委員会において，契約条項に従って且つ取引慣行を考慮に入れて判断すべき旨の規定は，アメリカの突然の提案により，衡平と善による仲裁（又は友誼的仲裁）の場合における仲裁人の任務の特質との関連の議論もないままに，衡平と善による仲裁（又は友誼的仲裁）にも関わる形でモデル法に導入されてしまったのである。この事情は留意しておく必要が

あろう。更に，欧州条約やICC仲裁規則の改正に関する次のような動向に注意すべきである。まず，欧州条約7条1項3文が友誼的仲裁ではなく法による仲裁のみに関わる形で，契約条項及び取引慣行を考慮に入れることを定めていることに注意すべきである。あえてそのようにしたからには，それなりの理由があったのではなかろうか。それから，最近のICC仲裁規則の改正が注目されるべきである。1975年のICC仲裁規則は，その後のUNCITRAL仲裁規則やUNCITRALモデル法と同様に，法による仲裁のみならず友誼的仲裁にも関わる形で，契約条項及び取引慣行を考慮に入れることを定めていた。そのような規定の設け方に対しては，筆者は，それが友誼的仲裁の場合の仲裁人の権限の特質を十分に考慮に入れていないのみならず，法による仲裁と友誼的仲裁の相違を曖昧にしてしまうという観点から，批判を展開していたところであった[46]。そうこうするうちに，ICCは1998年の仲裁規則改正の際に——当該改正につき論評する諸文献によってあまり気づかれていないようであるが——契約条項と取引慣行を考慮に入れることを定めた規定を以前のように友誼的仲裁にも関わる形にではなく，法による仲裁のみに関わる形に修正している（17条1項及び2項参照）。従来の規定の仕方を，それがその後のUNCITRAL仲裁規則やUNCITRALモデル法の立場と同じであるにもかかわらず，あえて上記のように修正したからには，それなりの理由があったのではなかろうか。その理由は，友誼的仲裁の場合における仲裁人の権限の特質を考慮に入れた上記のような問題点が意識されるに至ったということ以外には考えられないのではなかろうか。このように考えてくると，やはり，筆者は，従来からの立場にこだわらざるをえない。つまり，契約条項に従って且つ取引慣行を考慮に入れて判断すべきことを仲裁人に命ずる規定を友誼的仲裁又は衡平と善による仲裁の場合にも関わる形で設けるべきではない，と。したがって，モデル法の「いかなる場合においても」という文言を削除しても，36条4項のような規定の仕方では，問題点が依然として残ることになるのではなかろうか。

　これまで主として36条4項が同条3項（衡平と善による仲裁）との関係においていかなる意味を有するのかについて述べてきた。それでは，36条4項

が同条1項・2項（法による仲裁）との関係でいかなる意味を有するのであろうか。換言すれば，はたして法による仲裁の場合に関わる形で，契約条項に従って且つ取引慣行を考慮に入れて判断すべきことを仲裁人に命ずる規定を設けるべきであろうか。抵触法的アプローチを前提とする限り，そのような規定を設けるべきではないということになろう。問題となる契約条項を尊重しなければならないのかどうか，関連する取引慣行を考慮に入れなければならないのかどうか，考慮に入れるとしてもどのような仕方においてか（任意規定，更には強行規定に優先する仕方においてか），といった諸問題は，すべて準拠法の定めるところによる，というのが抵触法的アプローチである。国際契約の準拠法に関する法例7条などの諸国の抵触規定又は条約上の抵触規定が新仲裁法36条4項のような条文を伴っていないのはそのような理由からである。したがって，準拠法の決定に関する36条1項・2項の規定とは別個に，それらの規定に関わる形で，契約条項に従って且つ取引慣行を考慮に入れて判断すべきことを仲裁人に命ずる規定を設けるとなると，仲裁人はあたかも準拠法が何であれつねに契約条項に従って且つ取引慣行を考慮に入れて判断すべきことを要求されることになるかのような誤解をまねく恐れもあろう[47]。そのような問題は，つとにモデル法の起草過程においても提起されていた。つまり，契約条項は準拠法の強行規定との関係で無効とされることもありうるし，また，取引慣行の法的効果は必ずしもすべての法体系において同じではないので，契約条項の遵守を定めることはミスリーディングなものとなりうる[48]，と。その結果，第4次草案と第5次草案のいずれにおいても契約条項に従って且つ取引慣行を考慮に入れて判断すべき旨の規定が見出されなかったのである。ところが，最後の段階たる委員会において，契約条項に従って且つ取引慣行を考慮に入れて判断すべき旨の規定は，アメリカの突然の提案により，準拠法との関連の議論もないままに，法による仲裁に関わる形でモデル法に導入されてしまったのである。

そのような事情をふまえると，新仲裁法36条4項は法による仲裁の場合にどのような意味をもつのであろうか，という問題が生じざるをえない。この点

との関連で，中野教授の次のような発言が注目される。

「4項は準拠法決定の問題とは違います。当事者間に契約がある時はその契約条項を仲裁人が遵守しなければいけないということを定めるのみですので，準拠法決定の問題とは直接リンクしてきません。ただ，1項，2項は法による仲裁を規定しており，仲裁人が法を使って仲裁する場合に契約条項がある時は当然それを遵守しなければならないというのは当然のことであって，これにどういう意味があるのかという質問もありうるかもしれません。例えばドイツでは，この4項が意味を持つとすれば，3項の善と衡平による仲裁の場合に限られるという意見があります。つまり，法による仲裁の場合は契約条項を遵守するのは当然として，善と衡平による場合にも，契約条項がある場合，あるいは当事者間に一種の慣習のようなものがある時には，必ずそれを考慮して仲裁判断をしなければいけないということを明示する点に3項の意味があるとみるわけです」[49]。

そこで紹介されているドイツの見解では4項のような規定は法による仲裁の場合には意味を有しないということを前提としたうえで，衡平と善による仲裁の場合にのみ意味を有するとされている。しかし，これは先にも述べたように，衡平と善による仲裁（友誼的仲裁）の場合における仲裁人の権限の最たるものを十分に考慮に入れた見解とはいえない[50]。また，それでは法による仲裁の場合と衡平と善による仲裁の場合の区別がつかなくなってしまうのではなかろうか。「当事者間に契約がある時はその契約条項を仲裁人が遵守しなければいけない」ということが法による仲裁の場合にも衡平と善による仲裁の場合にも要求されることになってしまうからである。

因みに，中野教授は，正当にも，「当事者間に契約がある時はその契約条項を仲裁人が遵守しなければいけないという」「当然のこと」を定める4項につき，それに「どういう意味があるのかという質問もありうるかもしれません」と述べておられる。そのような問題との関連で，「立法担当者」・「立法に関与

した者」の一人である近藤氏の次のような論述は興味深い。

　4項は「特別な規定ということではなくて，仲裁合意にかかる紛争について契約があるのであれば，そういうものもちゃんと尊重しなければいけないですし，そこで適用できる慣習があるのであれば，その慣習も考慮しなければいけないというのは当然のことであると理解しております。4項というのは，一般的に特別なことを規定しているものではないという意味で，法律的には民法91条や92条と同じ趣旨のことを確認的に定めたものであるといえると思います。」[51]

　そこでは，新仲裁法36条4項が「民法91条や92条と同じ趣旨のことを確認的に定めたもの」であって「特別なことを規定しているものではな」く「当然のこと」を定めたにすぎない，という理解が示されている。しかし，契約条項に従って且つ慣習を考慮に入れて判断すべきであるということが「当然のこと」といえるためには，一つの条件が必要である。それはいうまでもなく，強行法規の枠内においてという条件である。そこで引き合いに出されている「民法91条や92条」もそのような条件を前提としている。つまり，民法91条は「法令中の公の秩序」に関する規定の枠内で契約条項に従うべき旨を定めているし，民法92条も「法令中の公の秩序」に関する規定の枠内で慣習に従うべき旨を定めているのである。そして民法91条や92条の予定する「法令中の公の秩序」に関する規定とは明らかに日本法のそれである。それでは，新仲裁法36条4項が前提としている強行法規はどのような法のそれであろうか。それは，抵触法的アプローチを前提とする限り，同条1項や2項で定まる準拠法のなかの強行法規ということになろう。そうとすると，契約条項に従って且つ慣習を考慮に入れて判断すべきであるのは，準拠法の強行法規の枠内において――但し慣習の場合は国によって異なりうる――であるにすぎないのに，その肝心な条件の部分を捨象した形で，契約条項に従って且つ慣習を考慮に入れて判断すべきであると規定すること――それは必ずしも「民法91条や92条と同

じ趣旨のことを確認的に定めた」とはいえない——にはやはり問題があるのではなかろうか[52]。

このようにみてくると，新仲裁法36条4項は衡平と善による仲裁（3項）との関係ではもとより，法による仲裁（1項・2項）との関係でも——抵触法的アプローチを中心に据える限り——問題を含むということになろう[53]。

ところで，新仲裁法36条4項については，法による仲裁との関係で，上記のように抵触法的アプローチのもとに準拠法の強行法規の枠内での「当然のこと」を定めたものであると考えることが唯一の理解の仕方ではない。この点との関連では，モデル法の議論がまず参考になろう。

UNCITRALモデル法の起草過程においては，モデル法28条1項における当事者の合意するrules of lawという言葉のもとに，取引慣行も理解するという意見が断片的に示されることがあったが，それとの関係でまず注目されるのは，委員会での旧ソ連の代表の見解である。取引慣行の適用をもとめる権利を当事者に認めるべきであるという主張につき，旧ソ連の代表は，そのためにはあえてrules of lawという言葉を用いる必要はなく，1976年のUNCITRAL仲裁規則33条3項——それは契約条項に従って裁定し且つ取引慣行を考慮に入れるべき旨を仲裁人に要求する——において示されているアプローチを明示的に採用する方が好ましいと考える。そして，そのような仕方によって上記の要望が——rules of lawという曖昧な言葉の使用により間接的にではなく——直接的にかなえられるであろう，と述べた[54]。この見解の趣旨はこうである。つまり，当事者が紛争の実体に適用されるべきものとして選択できる規準をrules of law（モデル法28条1項1文）——それはわが国の新仲裁法36条1項の「法」に対応する——というように表現することの目的が，取引慣行を準拠法となしうるためであるならば，その目的はUNCITRAL仲裁規則33条3項のような条項を設けることによって達成されうる，と。そして，その後において実際にUNCITRAL仲裁規則33条3項に対応する規定がモデル法28条4項——これはわが国の新仲裁法36条4項に対応する——として設けられた。このような考えの延長線上にあるのは，澤田教授の見解である。教授は，モデ

法「第28条(4)に『業界の慣行』が加えられたことにより，模範法の『法の諸規範』には業界の慣行は含まれていないことがわかる」[55]と述べられる。そこでは，モデル法28条4項——それはわが国の新仲裁法36条4項に対応する——で取引慣行の尊重が定められたことによりもはや28条1項のrules of law——それはわが国の新仲裁法36条1項の『法』に対応する——のなかに取引慣行を含ませる必要はないと考えられており，28条4項における取引慣行の尊重に準拠法としての取引慣行の指定と同じ意義が認められている。このような考えのもとでは，モデル法28条4項は「当然のこと」——そういえるためには『準拠法の強行法規の枠内において』という条件を付加する必要があるのであるが——を定めたものではなく，それとして独自な存在意義を有することになろう。換言すれば，28条1項の準拠法が何であれ仲裁人は何よりもまず契約条項に従い且つ取引慣行を考慮に入れて判断しなければならない——これは実質的にはpacta sunt servandaの慣習規則を柱とするlex mercatoriaの適用とあまり異ならない——のであり，そして契約条項や取引慣行が存在しない又は不明確なときにはじめて準拠法に訴えるべきである，という趣旨の規定ということになろう。そのように解することによってはじめて，取引慣行に旧ソ連の代表や澤田教授の考える上記のような意義が認められることになるからである。そして，このような解釈は後に述べるように必ずしもまったく理由がないことではないのである。

　また，先にも言及したように，モデル法の起草過程では第4次草案でも第5次草案でもモデル法28条4項に対応する規定は存在しなかったが，その後，アメリカ政府は，モデル法28条4項に対応する規定を主張するに至った。その際に，アメリカ政府は，特定の紛争を解決する際に契約条項と取引慣行の適用を認めることを「重要なポリシー」とみなす。そして，国際取引関係においては契約の準拠法については，長々と交渉しても合意に到達することが困難であるので，当該問題がしばしば未決定のままになっていること，更に，当事者はもっともな理由でもって仲裁人がその判断をなかんずく契約の用語と沿革及び取引慣行に基づかせることを期待する，という文章を引き合いに出す[56]。そ

こでは，当事者の期待が契約条項と取引慣行に基づく仲裁判断にあることが強調されている。そして更に，国際取引関係においてはしばしば当事者が契約の準拠法の合意のないままに契約の履行に入るということが引き合いに出されているが，それは，「いかなる場合においても仲裁裁判所は契約条項に従って裁定し且つ当該取引に適用可能な取引慣行を考慮に入れるものとする」というアメリカ政府の提案との関係において，どのような意味を有するのであろうか。契約の準拠法如何にかかわらず契約条項と取引慣行に基づいて判断すべきである，という趣旨のものとして読むことができないであろうか。いずれにせよ，最後の段階たる委員会においてアメリカの代表は28条4項の導入を主張した。また，イギリスの代表も，「仲裁人の義務の最たるものは契約条項を適用して紛争を解決することである」と主張し，アメリカ代表の提案したルールの導入を「極めて重要」とみなし，「強く」支持した[57]。その結果，28条4項がモデル法のなかに盛り込まれたのである。そこでは，仲裁の場合については仲裁人が契約条項に従って判断し且つ取引慣行を考慮に入れることが「重要なポリシー」又は「極めて重要」なこととして特に強調されている——単なる「当然のこと」を「確認的に」定められたのではない——のではなかろうか。この点との関連では，アメリカ政府が言及していた欧州条約7条1項3文に関する議論が興味深い。同規定は当事者がdroitを選択していた場合にも仲裁人が抵触規則を介してloiを適用する場合にも，契約条項と取引慣行を考慮に入れるべき旨を定めており，モデル法の28条4項に対応している。確かに，欧州条約7条1項3文については，契約条項と取引慣行は準拠法の枠内でのみ考慮に入れられるべきであるという考えが存するが，これに対して，契約条項と取引慣行が準拠法に優越すると解する見解も有力に存在するのである。例えばKopelmanasは，準拠法の決定に関する1文と2文を説明した後に，「いかなる場合にも契約条項，それから取引慣行に優位が認められるべきである」と解している[58]。

このようにして，UNCITRAL国際商事仲裁モデル法28条4項については，それが準拠法に関する規定とは別個に設けられていることに積極的な意義を認

めることも可能であったように思われる。その場合には，先ほど澤田教授などの見解との関連で述べたように，28条4項は，28条1項・2項の準拠法が何であれ仲裁人は何よりもまず契約条項に従い且つ取引慣行を考慮に入れて判断しなければならないのであり，そして契約条項や取引慣行が存在しない又は不明確なときにはじめて準拠法（それには取引慣行が含まれない）に訴えるべきである――その意味で1項と2項の抵触法的アプローチには補充的な役割しか認められない――，という趣旨の規定ということになろう[59]。因みに，国際取引社会において契約条項に従い且つ取引慣行を考慮に入れて判断しなければならないとすることは，pacta sunt servanda の慣習規則を中心とした lex mercatoria の適用と実質的にあまり異ならない，という点に注意すべきであろう。そして，このような解釈は商人間の国際取引については必ずしもまったく理由がないわけではないように思われる。その趣旨はこうである。つまり，国際取引は国境を越えて展開されるものであり，本来的に国内取引のみを念頭において形成されてきた諸国の国家法はそのような国際取引の規律にとって必ずしもふさわしいとは限らない。そこで，国際取引実務においてはその需要に基づいて様々な取引慣行が形成されてきており，国際取引は現実にはそれに基づいて展開されている。その取引慣行の最たるものの一つは pacta sunt servanda の原則である。国際取引紛争を諸国の国家的な規則に拘泥することなく pacta sunt servanda の原則やその他の取引慣行に基づいて処理することの方が，国境を知らない国際取引の実態にふさわしい。また，訴訟の場合と異なり仲裁の場合には仲裁人が必ずしも法律の専門家とは限らない――そこに仲裁の長所の一つが見出されてきた――ことを考慮に入れると，そのようなアプローチの方がわかりやすいのではなかろうか，と。実際に，先にも言及したようにある程度組織化された特定の取引業界においては当該業界の仲裁センターがそのような方向で動いているようである[60]。もっとも，そのような実質法的アプローチの考えのもとでも，国家法がまったく意義を有しなくなるのではない。特に，多種多様な分野の国際取引紛争を取り扱う ICC などのもとでの仲裁の場合には，pacta sunt servanda の原則とその他の取引慣行のみによっては解決できな

い紛争が登場してくることは決して稀ではない。そのときには，補充的に国家法が準拠法として適用される可能性は十分にありうるように思われる[61]。

先にも引用した新仲裁法36条4項に関する「立法担当者」・「立法に関与した者」の説明を読む限り，新仲裁法36条は上記のようなアプローチとはまったく異なる伝統的な抵触法的アプローチのみを念頭において作成されたようである。しかし，新仲裁法36条は基本的にモデル法28条に倣った形をとっている。したがって，法解釈における立法者意思説に拘泥しない限り，新仲裁法についても上記のようなアプローチの可能性は多少なりとも残されているのではなかろうか。

6 おわりに

新仲裁法36条は，仲裁人が仲裁判断の際に依拠すべき規準を明確に示したものとして注目される。それは基本的にUNCITRAL国際商事仲裁モデル法28条に倣ったものである。モデル法はUNCITRALで十分に論議されて採択されたものであるから，できるだけそれをそのまま採用することによって国際的調和の達成に貢献するという意図があったものと思われる。しかし，モデル法28条の示す規準それ自体は，諸国の代表の議論の妥協の産物という側面もあってか，若干の問題点を含むものであった[62]。新仲裁法36条もそれを引き継いでいるところがあるように思われる。

1) 青山善充・判例タイムズ1135号141頁。
2) 内堀宏達・判例タイムズ1135号157頁。
3) 多喜寛『国際仲裁と国際取引法』325頁以下。
　因みに，仲裁判断において準拠すべき法については，特定の国家の国際私法規定を適用すればよいという立場が考えられよう。実際にも，例えば1957年国際法学会（アムステルダム会期）の決議は仲裁地国の国際私法の適用を宣言していた。そのような考えの提唱者たるSauser-Hallの議論については同217-218頁を参照。また，1970年代前半の若干のICC仲裁判断は関係国の国際私法の累積的適用を行っ

ていた。そのような立場の意義と限界については，同 199 頁以下を参照。ICC 仲裁判断における関係国の国際私法の累積的適用については，その後に，中野俊一郎＝中林啓一「国際仲裁における実体判断基準の決定と国際私法」石川明先生古希祝賀『現代社会における民事手続法の展開 下巻』314-315 頁も言及している。

4) 例えばJCA ジャーナル 2003 年 11 月号における座談会「新仲裁法について（下）」，判例タイムズ 1135 号における座談会「新仲裁法の制定について」及びジュリスト 1271 号，1272 号における研究会「新仲裁法の理論と実務」である。
5) 山本和彦・ジュリスト 1271 号 48 頁。
6) 但し，モデル法の示している基準は必ずしも適切ではない。その点については，多喜・前掲（注3）13 頁以下を参照。
7) 中野・ジュリスト 1271 号 66 頁。
8) 同 67 頁。
9) 同 67 頁。
10) 同 67 頁。
11) 同 67 頁。
12) 同 67 頁。
13) 同 67-68 頁。
14) 1985 年の委員会報告書によると，委員会は rules of law という新奇で曖昧な観念よりも大きな確実性を提供する law という観念を採用することを一度決定したが，更なる審議の後にその決定を覆し rules of law という観念を採用することに決定した。UNCITRAL Yearbook, 1985, Vol. XVI, p. 30. この点につき，「報告書はこの結論に至った理由について何ら説明していない」（高桑昭「国連国際商取引法委員会の国際商事仲裁に関する模範法(9)」JCA ジャーナル 1986 年 9 月号 13 頁）ので，「その理由は不明である」（同 11 頁）とする見解がある。しかし，上記の点については，その後に 28 条 2 項との関係で示された，意見の分裂の場合の処理の仕方に関する考えから説明できるように思われる。つまり，草案の変更についてコンセンサスが得られないときには国際契約実務作業部会において長い間にわたる審議の結果として起草された草案を維持すべきである，という考えからである。その点については，前掲拙著 335-336 頁を参照。
15) UNCITRAL Yearbook, 1985, Vol. XVI, pp. 482-484. を参照。
16) 青山「推薦の言葉」近藤昌昭〔ほか〕『仲裁法コンメンタール』(i)。
17) 近藤昌昭「序文」近藤〔ほか〕・前掲 (v)。
18) 同 199 頁。
19) モデル法の審議の際に言及されることのあった複数の法体系の混合という考えに対応するものと思われるのが，石油開発契約の分野においてしばしばみられる契約当事国の法と国際法の組み合わせである。Cf. Leben, La théorie du contrat d'État et

l'évolution du droit international des investissement, RdC, 2003, p. 270 et seq. そのような契約条項の解釈が実際に仲裁判断において問題になったケースの代表的なものは，いわゆるリビア国有化事件である．それについては，さしあたり多喜「国家契約（経済開発協定）の『準拠法』としての国際法」比較法雑誌 31 巻 3 号 15 頁以下を参照．

なお，複数の法体系の組み合わせや準拠法の凍結や分割指定などを認めるためには，必ずしも rules of law という特殊な言葉が必要ではないように思われる．従来の law という言葉のもとでもそのようなことは認められてきたからである．

因みに，ジュリストの研究会では分割指定が問題となり，出井教授は，分割指定を認めると「結局いろいろな国の法律のつまみ食いみたいなことが出来て，自分たちで法体系を作ってしまうようなことができるのではないか」（ジュリスト 1271 号 69 頁），と述べておられる．似たようなことは，すでにモデル法の審議の際にスイス代表によって次のように述べられていた．つまり，全体としての契約をあまりにも多くの部分に分解することを許すことになる危険性がある，と．UNCITRAL Yearbook, 1985, Vol. XVI, p. 483.

20) 中野・JCA ジャーナル 2003 年 11 月号 7 頁．
21) 中村達也・ジュリスト 1272 号 108 頁．
22) 多喜・前掲（注 3）120 頁以下及び 361 頁を参照．
23) Goldman の 1964 年の論文においては理論的意味における lex mercatoria を提唱するという色彩が濃厚であった．しかし，その後の 1979 年の論文においては，重点が実践的・政策論的分野に大きく移行し，国際取引紛争の解決は lex mercatoria の適用によってなされるべきであるという態度が前面に出ている．そして，その後の lex mercatoria をめぐる人々の議論はそのような実践的・政策論的観点からのものが多い．多喜・前掲（注 3）108 頁以下を参照．
24) ジュリスト 1272 号 108-109 頁を参照．
25) わが国のみならずドイツやフランスにおいても法的確信の存否によって慣習法と事実たる慣習（取引慣行）を区別するのが伝統的な見解であったが，それは理論的な問題を含むものであり，再検討を要するように思われる．多喜「慣習法の成立要件としての法的確信」法学新報 110 巻 7・8 号 1 頁以下を参照．同じことは国際法の分野にも当てはまるように思われる．多喜「慣習国際法の要件としての法的確信」法学新報 110 巻 11・12 号 1 頁以下を参照．
26) 多喜・前掲（注 3）180 頁及び 302 頁を参照．
27) 同 112 頁を参照．

法の一般原則は ICJ 規程 1 項 c 号において国際法の欠缺の際の補充的法源としてあげられている．そして国家契約（経済開発協定）の領域においては，法の一般原則に準拠法たる地位を認める見解が有力である．この場合には，法の一般原則は一

般に国内法上の共通原則といわれるが，その実体においては法適用者に準立法者的権限を付与するものである。多喜「国家契約（経済開発協定）の『準拠法』としての法の一般原則」小島康裕教授退官記念351-352頁を参照。しかし，この法の一般原則は慣習法又は取引慣行と密接不可分の関係にあるものではない。したがって，Goldmanがlex mercatoriaの内容のなかに法の一般原則を取り込もうとしたのは，慣習法だけでは国際取引紛争を解決できない場合に対処するためであったように思われる。因みに，Goldmanは慣習法と法の一般原則でもってしても解決できない国際取引紛争があると考えていたのであり，その場合には抵触法により指定される特定の国家法に助けを求めていた。多喜・前掲（注3）111頁及び113-114頁を参照。仲裁法36条との関係では，そのような場合にどのように説明することになるのであろうか。36条2項の適用に向かうことになるのであろうか。

なお，法の一般原則については，国際契約実務作業部会第6会期では「若干の代表」によって支持されたが，さしあたってはあまりにも行き過ぎであり多くの国によって受け入れられないであろうとみなされたことがある。

28) 多喜・前掲（注3）235頁以下を参照。
29) 青山・判例タイムズ1135号159頁。
30) 同159頁。
31) UNCITRAL Yearbook, 1984, Vol. XV, p. 165.

 1982年の国際契約実務作業部会第3会期においては，UNCITRAL仲裁規則33条1項のように適用されるべきものとみなす抵触法規則によって決定される法を適用すべきであるとする見解と対立するものとして，仲裁人は（例えばそれが取引と最も密接に関係しているので）適切と考える準拠法を直接に決定すべきであるとする見解が存在した。UNCITRAL Yearbook, 1982, Vol. XIII, p. 299.

 因みに，起草過程においてモデル法は紛争の実体に関する抵触規則を含むべきではないという見解を示すものがいた。その際に，抵触法規則は複雑であって適切な仕方で簡潔な定式にすることはできない，という見方が示された。UNCITRAL Yearbook, 1985, Vol. XIV, p. 48.

32) UNCITRAL Yearbook, 1985, Vol. XVI, p. 486.

 UNCITRAL第18会期においてそのような見解に反対する立場は，国際仲裁実務における法選択の問題に関するより自由な判断への傾向が妨げられる危険性を指摘していた。Ibid., p. 486.

33) 多喜・前掲（注3）229頁及び235頁以下を参照。
34) UNCITRAL Yearbook, 1985, Vol. XVI, p. 73.

 この点との関連で中野教授の次のような指摘が興味深い。「国際仲裁の実務上は，必ずしも法律専門家とは限らない仲裁人に，裁判所と同等の厳密な準拠法の選択適用を求めるのは適当ではないという考えも根強いようで」ある。判例タイムズ1135

号 158 頁。
35) ジュリスト 1272 号 108 頁。
36) Cf. UNCITRAL Yearbook, 1985, Vol. XVI, p. 132.
37) 多喜・前掲（注 3）235 頁以下を参照。

このようにして，1975 年改正の ICC 仲裁規則 13 条 3 項は，モデル法と類似の規定を採用していたのであるが，その後の運用において ICC 仲裁判断及びフランス裁判所によって実質的に大きく修正されるに至ったという点は，注目されてよいように思われる。

38) モデル法の起草過程において示された ICC の見解によると，モデル法 28 条 2 項は仲裁人に「既存の抵触規則」を選択して「国家法」を適用することを要求するので，「国際商事仲裁における現代の実務」と一致しない。UNCITRAL Yearbook, 1985, Vol. XVI, p. 91.

ICC は，モデル法に厳格な制限を導入することは当該領域における更なる発展にとって有害であるし，多くの国際仲裁人や実務家によって逆行するものとみなされる，と考える。ICC の提案は，仲裁人は当事者による指定のない場合には特定の事案に適切と考える rules of law を適用すべきである，というものであった。Ibid., p. 91.

因みに，モデル法の起草過程においては，仲裁人が最も適切とみなす the substantive law rules を適用すべきとする草案が作られたことがあった。UNCITRAL Yearbook, 1985, Vol. XVI, p. 485. 委員会においても，日本代表の澤田寿夫教授は，2 項において抵触規則に言及することは『狭い』法のみを準拠法として指定することになり，1 項において『法』という言葉に広い意味を与える決定がなされたことと調和しない，と指摘し，抵触規則の介入に反対しておられた。

39) ICC 仲裁においては，友誼的仲裁は超短期の国際取引契約に関する紛争解決にではなく，長期の国際契約の紛争解決に用いられることが多いようである。多喜・前掲（注 3）322 頁を参照。
40) 近藤〔ほか〕・前掲 202-203 頁。
41) ジュリスト 1272 号 111 頁。
42) 衡平と善による仲裁の場合における仲裁人の権限はいかなるものであろうか。ここでまず問題となるのは，衡平と善による仲裁と友誼的仲裁との異同である。国際仲裁実務はその二つの仲裁の場合について仲裁人の権限を区別していないといわれる。前掲拙著 356 頁を参照。また，Kulpa, Das anwendbare (materielle) Recht in internationalen Handelsschiedsgerichtsverfahren, 2005, p. 288 は，友誼的仲裁と衡平と善による仲裁を通例は同義に使用されているものとみなし，なかでもよく使われている専門用語を友誼的仲裁であるとする。モデル法でも衡平と善による仲裁と友誼的仲裁は内容的にまったく異なるものとして扱われているのではなく，法による

仲裁と対比されるべきものとして一括されている。以上のことをふまえて，ここでは資料が比較的に入手しやすい友誼的仲裁を念頭において述べると，こうである。つまり，友誼的仲裁の場合には，仲裁人は特定の国家法を適用してもよいし，法の一般原則や取引慣行と呼ばれるようなものを適用してもよいが，いずれの場合にもそのような準則の適用結果が衡平に合致しているかどうかを審査すべきであり，衡平に合致していないときにはそれを衡平の名のもとに軽減・緩和すべきである——例えば pacta sunt servanda の原則の適用のもとに契約条項の有効性を認めつつも，その適用結果が衡平に合致せずに，当事者の一方に極端に厳しいときには，それを緩和・軽減すべきである——，と。多喜・前掲（注3）299頁以下を参照。

　因みに，モデル法28条3項は仲裁裁判所が「衡平と善により，又は友誼的仲裁人として」判断する場合について定めているが，新仲裁法36条3項は「友誼的仲裁人として」という言葉を削除している。その点については，「立法担当者」・「立法に関与した者」の一人である近藤氏は「日本法では馴染みのない，『友誼的仲裁人』という概念は必ずしも採用しなければならないということではないと思いますので，『友誼的仲裁人』という概念は採用しないという形で立法しました」（近藤・ジュリスト1271号66頁）と説明される。そこからすると，友誼的仲裁という概念がフランス法系のものであり日本に馴染みがないという点が強調されているように思われる。しかし，国際取引紛争の解決という観点からするとそのような見地には問題がなくはない。というのは，仲裁地を日本とする国際仲裁の場合の当事者がいうまでもなく日本人だけではないのであり，また，将来において日本での仲裁の増大を期待するならば，あえて友誼的仲裁という言葉を排除する必要はなかったように思われるからである。

43) 内堀・判例タイムズ1135号157頁。
44) 近藤・JCAジャーナル2003年11月号9頁。
　　また，近藤氏は「いかなる場合にも」という文言について，「これを外したからといって，そんなに大きく変えたというつもりは全くありません」（ジュリスト1272号112頁）と述べられる。
45) 中村・ジュリスト1272号111頁。
46) 多喜「国際商事仲裁における実体法的判断基準— UNCITRAL 国際商事仲裁モデル法を中心に—（3・完）」JCAジャーナル1992年1月号12-13頁及び多喜・前掲（注3）348-349頁。
47) 多喜・前掲（注3）346頁。
48) 国際契約実務作業部会第6会期（ウィーン，1983年8月29日-9月9日）の支配的見解においては，契約条項に従って判断すべきであるという条項について，契約条項が強行法規に反する場合又は当事者の真の意思を表わしていない場合には，「ミスリーディング」となることが指摘されている。また，取引慣行を考慮に入れ

るべきであるという条項については,「取引慣行の法的効果と資格はすべての法体系において必ずしも同一ではないという事実」が指摘されている。UNCITRAL Yearbook, Vol. XV, 1984, p. 165.

　国際契約実務作業部会第 3 会期(ニューヨーク, 1982 年 2 月 16 日 - 22 日)の支配的見解は次のように指摘する。つまり,契約条項に従って判断すべきであるという条項は,ことによると「ミスリーディング又は不正確」となろう。というのは,契約条項が準拠法のもとでは無効となりうるからである,と。UNCITRAL Yearbook, Vol. XIII, 1982, p. 300.

49)　中野・JCA ジャーナル 2003 年 11 月号 8 頁。
50)　多喜・前掲 (注 3) 348-349 頁。
51)　近藤・ジュリスト 1272 号 111 頁。
52)　また, 4 項は衡平と善による仲裁の場合には「当然のこと」を定めたことにはならず,かえって仲裁人に当惑をもたらすように思われる。つまり, 4 項が「法律的には民法 91 条や 92 条と同じ趣旨のことを確認的に定めたものである」とされるが,民法 91 条や 92 条は「法令中の公の秩序」に関する規定の枠内で契約条項と慣習に従うべき旨を定めていることを意識すると, 4 項は衡平と善による仲裁の場合には仲裁人の特殊な権限を認めないかのような印象を与えるからである。例えば,民法 92 条のもとでは,裁判所は「法令中の公の秩序」に関する規定の枠内での契約条項については,その適用結果が衡平の観点からして問題があると考える場合でも,それを衡平の名のもとに勝手に軽減・緩和することができないのではなかろうか。
53)　また, Kulpa, op. cit., p. 309 によると, Zerbe, Die Reformen des deutschen Schiedsverfahrensrechts auf der Grundlage des UNCITRAL-Modellgesetzes über die internationale Handelsschiedsgerichtsbarkeit, 1995, p. 231 がモデル法 28 条 4 項の削除を主張しているようである。

　更に,ハンガリーやスリランカはモデル法 28 条 4 項を採用しなかったようである。そして,オーストリアも改正案では 28 条 4 項に対応する規定を採用しないことを考えているようである。Vgl. Kulpa, op. cit., p. 309.
54)　UNCITRAL Yearbook, 1985, Vol. XVI, p. 483.
55)　澤田寿夫「UNCITRAL 国際商事仲裁模範法④」JCA ジャーナル 1987 年 12 月号 4 頁。
56)　UNCITRAL Yearbook, 1985, Vol. XVI, p. 75.
57)　UNCITRAL Yearbook, 1985, Vol. XVI, p. 488.
58)　Kopelmanas, La place de la Convention européenne sur l'arbitrage commercial international du 21. avril 1961 dans l'évolution du droit international de l'arbitrage, AFDI, 1961, p. 340.

　更に, Fouchard, L'arbitrage commercial international. 1965, p. 419 によると,当該

規定はかなり明確に仲裁判断における『取引慣行』の適用を選択したものであり，その『取引慣行』はいかなる場合にも，そしてたとえ国家法が指定されていても尊重されるべきである。

なお，Benjamin は，本条約によってカバーされるすべての仲裁において，契約条項や取引慣行が仲裁人に国内法規定の適用を無視する権限を与えているときには，仲裁人はそうすることができるとみなす。そしてそこに彼は国際商事仲裁の発展のためになると思われる「驚くべき革新」を見出す。Benjamin, The European Convention on International Commercial Arbitration, BYIL, 1961 pp. 491-492.

59) そのような解釈の可能性が存すること，したがって4項の解釈如何が極めて重要な意味を有することについては，前掲拙著346-348頁を参照。

なお，そのような解釈のもとでは，契約条項と取引慣行が関係国の『普通の』強行法規に優先することになるが，それと同じ結果は抵触法的アプローチを中心に据える場合も可能である。例えば，当事者が準拠法として lex mercatoria を選択したときには，国家法の『普通の』強行規定が回避されることになる。同様に，分割指定の場合も，国家法の諸規定の自由な継ぎ接ぎを認めるのであるから，当事者の意思によって国家法の『普通の』強行法規の回避も可能となろう。しかし，そのことは契約条項と取引慣行が関係国の『すべての』強行法規に優先するということを必ずしも意味しない。関係国の『特別な』強行法規の介入の可能性の問題が残るのである。その問題については，筆者はかつて簡単に考察したことがある。多喜「lex mercatoria に関する若干の問題」法学52巻5号132頁以下及び多喜・前掲（注3）172頁以下を参照。

60) 多喜・前掲（注3）155頁及び274頁を参照。

61) lex mercatoria に関する Goldman の見解は必ずしも明確ではないが，おそらく次のような準則序列を提示しているものとして捉えることができるように思われる。つまり，国際商人社会の公序の枠内での pacta sunt servanda の原則，取引慣行と法の一般原則，そしてそれらが存在しない場合にはじめて（抵触規定によって指定される）国家法，という準則序列である。前掲拙著121頁。法の一般原則の適用は仲裁人に準立法者的な権限を認めるものであるので，そのような見解のもとでは国家法の適用が認められる場合は限られるということになろう。Goldman はそのような場合として契約当事者の能力，合意の瑕疵，商事会社の機関又は代表者の権限の範囲，消滅時効の問題をあげている。Goldman, Frontières du droit et «lex mercatoria», Archives de phirosophie du droit, 1964, p. 189. そのようなアプローチの意義については，筆者はかつて簡単に言及したことがある。多喜・前掲（注3）122頁以下を参照。

62) モデル法については，つとに1984年に ICCA の中間会議で報告者 Derains（元 ICC 事務局長）が主として28条2項の草案を念頭において次のように述べていた。

つまり，仲裁実務に沿った解決案を定めるべきであり，それができなければ実際に必要性が感じられないこのような問題についての立法を差し控えるべきである，と．Derains, Possible Conflict of Laws Rules and Rules Applicable to the Substance of Dispute, in : UNCITRAL'S Project for a Model Law on International Commercial Arbitration, 1984, 195. その趣旨はおそらくこうであろう．つまり，仲裁判断の規準については ICC などの常設仲裁機関において定めがなされており，そしてすでにそれに関する一定の運用の蓄積があるので，それと相容れないような立法ならばしない方がましである．また，そのような立法がなくても，常設仲裁機関としては特に困ることがない，と．

　因みに，日本の立場からしても ICC 仲裁は無関係とはいえないように思われる．ICC 仲裁の場合であっても仲裁地を日本とする可能性が考えられるのであるが，日本が ICC 仲裁実務と相容れない立法をすれば，それは心理的にそのような可能性を縮減する方向で作用しうる．

第2章
国際的二重起訴（国際的訴訟競合）に関する覚書

1　はじめに

　わが国の裁判所に係属している事件については，当事者は更にわが国の他の裁判所に訴えを提起することができない。いわゆる二重起訴禁止の原則である。この原則に関しては民訴法142条（旧民訴法231条）があることから異論がなく，その理由としては，二重の訴訟遂行を強いられる後訴の被告の迷惑，訴訟制度の不経済，矛盾する判決の出現などがあげられてきた。それでは，外国の裁判所にすでに係属している事件について当事者は更にわが国の裁判所に訴えを提起するという場合はどうであろうか。いわば国際的二重起訴といえる場合である。その場合における後からの訴えたる内国後訴は許されるのか否かという問題は，特に関西鉄工事件を契機にして活発に論じられ，たくさんの文献を生み出すに至った[1]。その結果，学説・裁判例は，内国後訴を規制しない立場とそれを規制する立場に，そして更に規制する立場においても規制の仕方に関して，外国判決がわが国で承認されることが予測される場合に規制すべしとする立場（いわゆる承認予測説），外国が法廷地としてより適切な場合に規制すべしとする立場（いわゆる比較衡量説・利益衡量説・適切な法廷地説・裁判管轄説），及び内国後訴の原告が外国前訴の原告であるか被告であるかによって承認予測説と比較衡量説を使い分ける立場（いわゆる折衷説）などに分かれた。大雑把にいえば，規制消極説，承認予測説，比較衡量説，そして折衷説という順番で登場したといえよう。そして「学説・判例は極めて混沌とした状況にあるが，最近の傾向としては，純然たる承認予測説を維持するものより，

特に原被告逆転型を念頭におきつつ，利益衡量説的処理を認めるものが増えつつあるようにみえる」といわれている[2]。本章では，国際的二重起訴に関する問題を包括的に論ずることが試みられるのではない。当該問題を論ずる場合に必ずといっていいほど引き合いに出される上記の規制消極説，承認予測説，比較衡量説という三つの見解を取り上げて，まず，それらが条文との関係でどのように説明されるべきなのかという問題を検討する。というのは，上記の三つの見解に関するこれまでの議論は主として結果の妥当性如何に焦点を合わせていたこともあって，それらが法律の条文との関連でどのように説明されるべきなのかが必ずしも明らかとはなっていなかったように思われるからである。それらが実定法上の主張という形をとっているからには法律の条文との関連での説明を要するということは，法による裁判の原則（憲法76条3項）の基本趣旨を持ち出すまでもなく自明のことといえよう。次に，上記の三つの見解につき，それぞれの法政策的目的を明らかにしつつ，その実現手段たる法的構成の適合性を検討する。その際には，「最近の傾向」と目されている「利益衡量説的処理」に焦点が合わされる。そして，それらの作業をふまえたうえで，国際的二重起訴に関する基本的な判断枠組がいかにあるべきかについて多少の示唆を与えることが試みられる。

2 内国後訴を規制しない立場

まず，国際的二重起訴にあたる内国後訴を規制しない見解である。この見解と条文との関連はどのように説明されるのであろうか。その説明はつとに兼子一博士によって示されていたとされる。博士は，「裁判所ニ繫属スル事件ニ付テハ當事者ハ更ニ訴ヲ提起スルコトヲ得ス」として二重起訴を禁止する旧民訴法231条について，その「裁判所ニ繫属スル事件」という箇所を解釈するにあたり，「国内の裁判所で取扱われている場合でなければならないから，外国裁判所で訴訟中であったり，仲裁手続が行われていても，これに当らない」[3]と述べておられる。そこでは，同条の「裁判所」は国内裁判所を意味し外国裁判

所などを意味しない旨が述べられている。それについて渡辺惺之教授は，「この表現自体は国際的二重訴訟に関して民訴法231条の不適用を説くに止まるが，……二重起訴禁止の規制をなさない見解とされている」[4]と説明される。この「民訴法231条の不適用を説くに止まるが」という論述からすると，渡辺教授においては，同条の「裁判所」には外国裁判所が含まれないということは必ずしも国際的二重起訴禁止の規制をなさないという結論には直結しない旨が，正当にも意識されているように思われる。つまり，同条の「裁判所」に外国裁判所が含まれないとすると，同条は『〔国内ノ〕裁判所ニ繋属スル事件ニ付テハ当事者ハ更ニ訴ヲ提起スルコトヲ得ス』という文章になるが，その文章から直接に引き出すことができるのは，同条が国内的二重起訴に関する規定であり，国際的二重起訴に関する規定ではない——渡辺教授の言葉を借りると国際的二重訴訟への「民訴法231条の不適用」——，ということのみだからである。換言すると，上記の文章からは，必ずしも直接には，外国裁判所に係属する事件については当事者は更に訴えを提起することをうる（国際的二重起訴を許すべきである）という，規制消極説の命題が出てこないのである。それでは何故に兼子博士の見解が国際「二重起訴禁止の規制をなさない見解」とみなされる——兼子博士自身もそのような見解を考えておられたように思われるが——のであろうか。実はその点の明確な説明がなされていないのである。内国後訴を規制しない立場と法律の条文との関係について，そのような曖昧な状況はその後も続いていく。

例えば，昭和48年10月9日大阪地裁中間判決[5]が関西鉄工事件について次のように判示した。

「被告丸紅飯田（アメリカ）会社は，本訴が先に係属した米国第2訴訟との関係でいわゆる二重訴訟（民事訴訟法第231条）にあたるから不適法である旨主張するが，同条にいう『裁判所』はわが国の裁判所を意味するものであって外国の裁判所を含まないと解すべきであるから，この点の被告丸紅飯田（アメリカ）会社の主張も理由がない」。

これは内国後訴を規制しないという立場を示したものである。そして，そこでも法律の条文との関連での正当化は，民訴法231「条にいう『裁判所』はわが国の裁判所を意味するものであって外国の裁判所を含まないと解すべきであるから」という説明に止まっている。そして，小林秀之教授は，国際的二重起訴は制限されないとする見解につき，「民訴法231条の『裁判所』には外国の裁判所は含まれないことを理由とする」[6]と説明しておられる。上記の規制消極説を積極的に支持する近時の代表的な見解として，ここでは，竹下守夫教授のそれをあげておこう。教授は，「国際的な裁判管轄に関するルールが明確になっていないことから，当事者の公平や証拠収集の便宜の面から適当とはいえない外国の裁判所で応訴を余儀なくされたり，法廷地あさり（フォーラム・ショッピング）の例もみられないではない現状のもとでは，にわかに積極説〔承認予測説〕の立場をとることはかえって弊害のみを助長することにもなりかねない」旨，及び「訴訟物の同一性を判定するための外国法制および承認要件の充足可能性の証明ないし調査は相当の困難が伴う」旨を指摘されつつ，次のように述べられる。

　「いわゆる国際的二重起訴の」「問題については，……本条〔民訴法231条〕にいう『裁判所』は日本の裁判所を意味し，外国の裁判所を含まない……から，外国で訴訟係属があっても，わが国の裁判所での訴訟審理はこれとはまったく関係がない。ただ，国内判決の確定後に外国判決の承認が求められた場合には，内国確定判決に矛盾抵触する外国判決は公序良俗に反するものとして承認されない」[7]。

　ところで，先にも述べたように，旧民訴法231条が国内的二重起訴を禁止する規定であるということからは，直接には，国際的二重起訴が許されるか否かに関する具体的な帰結が引き出せないのである。したがって，旧民訴法231条の「裁判所」には外国裁判所が含まれないという理由のもとに内国後訴を規制しないという立場を引き出すに際しては，暗黙裡に一定の法的推論が前提とさ

れているということになろう[8]。それはこうである。つまり、同条を『国内の裁判所に係属する事件については且つそれに限り当事者は更に訴えを提起することができない』という意味に解釈し、その反対推論として、外国裁判所（『国内の裁判所』でないもの）に係属している事件について当事者は更なる訴えをすることができる、したがって内国後訴は許されると帰結する、と。換言すれば、国際的二重起訴に関する法の欠缺を認めたうえで、それを反対解釈[9]によって補充するという法的推論がなされているのである。上記のような解釈——特に『それに限り』という文言の挿入——が明示されてこなかったので、これまで内国後訴を制限しない立場の条文との関連が不明瞭なままになっていたといってよい。

　このような反対解釈が採用されるべきか否かの判断は、それがもたらす結果が妥当であるかどうかの判断に依存する。その結果の妥当性については、国際的二重起訴の問題が国内的二重起訴の問題と類似していることにかんがみると、次のような疑問が提示されうる。つまり、外国の裁判所に事件がすでに係属していてもつねに内国後訴が維持されるとなると、内国後訴の被告は二重に訴訟追行を強いられることになり、その意味で大きな負担を強いられる。また、同一事項に関して矛盾する判決が生じて、統一的な解決をもたらさないことになり、その結果、それぞれの訴訟に費やされた時間と労力と金銭が部分的に無駄になってしまう、と。後にみるように、そのような観点から内国後訴を規制する有力な見解が登場してくるのであるが、それに対して内国後訴を規制しない立場から反論がなされている。例えば先にもみたように、竹下教授は、「国際的な裁判管轄に関するルールが明確になっていないことから、当事者の公平や証拠収集の便宜の面から適当とはいえない外国の裁判所で応訴を余儀なくされたり、法廷地漁り（フォーラム・ショッピング）の例もみられないではない現状のもとでは」内国後訴の規制「はかえって弊害のみを助長することになりかねない」という観点を示される[10]。しかし、その見解については次のような問題点を指摘することができる。まず、そのような観点からすると、前訴が提起された外国裁判所が「当事者の公平や証拠収集の便宜の面から適当とい

えない」場合はともかくとして，適当といえる場合には，内国後訴を維持する理由がないことになるのではないのか，したがって上記の観点は必ずしも全面的に内国後訴を許すということにはならないのではないのか，という問題である。次に，規制消極説のように内国後訴のすべてを規制せずに許すとして，しかも「内国判決の確定後に矛盾抵触する外国判決は公序良俗に反するものとして承認されない」とすると[11]，外国で訴えられたら内国で訴え返す者が続出してきて，結局において，外国判決の承認の可能性がかなり縮減されることになってしまうのではなかろうか，という問題である。因みに，竹下教授は後にみる承認予測説に対しては「訴訟物の同一性を判定するための外国法制および承認要件の充足可能性の証明ないし調査は相当の困難を伴う」という問題点も指摘しておられるが，これはある意味では技術的なものであり且つ克服不可能なものとはいえないので，内国後訴の規制の必要性如何という本来の問題との関係では決定的な重要性を占めるものではないように思われる。したがってここではそのような問題点には立ち入らないこととする。

3 内国後訴を規制する立場

　国際的二重起訴にあたる内国後訴を規制する立場は，法的構成の如何と規制の程度という観点からして二つに大別される。まず登場したのが，先に提起された外国訴訟で言い渡されるであろう判決がわが国で承認されると予測される場合に，内国後訴を規制すべしとする見解である。これは，しばしば承認予測説と呼ばれる。ついでそれを批判する形で登場したのが，比較衡量説などと呼ばれる見解である。それによると，たとえ先に提起された外国訴訟で言い渡されるであろう判決がわが国で承認されると予測される場合であっても，日本の方が外国よりも適切な訴訟地であると判断される場合には，内国後訴を規制すべきではなく，日本よりも外国の方がより適切な訴訟地であると判断される場合にのみ，内国後訴を規制すべしとする見解である。その後も更に折衷説などいくつかのニュアンスのある見解が現れているが，ここでは最もしばしば言及

される上記の二つの説が主として検討される。

（1） 承認予測説

この説は海老沢美広教授，澤木敬郎教授，道垣内正人教授などによって展開されてきたものである。ここでは，便宜上，道垣内＝早川両教授の説明を参考にしてみよう。両教授は次のように述べられる。

　承認予測説は，民事訴訟法 200「条は同条所定の要件を具備するならば，外国判決であってもわが国の判決と同様の判決効を認めるものであるが……，こうしたことを同条が定めている以上，外国裁判所に係属中の訴訟であっても将来に承認が予測されるような判決が下される可能性がある場合には，その訴訟係属は国内の他の裁判所に係属しているものと同視することができ，後の国内での提訴は訴えの利益を欠くと説くものである。その主張の背後には，民事訴訟法 231 条は訴えの利益がない場合の一つの状況を示したものにすぎず，類似の状況も訴えの利益がないとして同様に却下できるとの理解がある」[12]。

そのような論述だけからすると，この承認予測説は国際的二重起訴の問題を「訴えの利益」の枠内で処理する見解であるということがわかるが，既存の法規との関係でどのように説明されるべきなのかが必ずしも明確ではない[13]。その点との関連では，まず，この説が国際的二重起訴について法の欠缺を認めていることに留意すべきである。つまり，「国際的訴訟競合については……わが国は……これを制限する明文の規定は有していない」[14]という理解に立脚するのである。それでは，上記のような準則はいかなる欠缺補充方法のもとで導出されるべきであろうか。この点との関連で注意されるべきなのは，この承認予測説が上記のような準則を提示するにあたり援用している法政策的論拠に関する論述である。道垣内＝早川両教授が次のように述べられる。

「訴訟競合の防止の要請は国内以上に強いというべきであろう。複数の場所で訴訟遂行を強いられる当事者の負担は国境を越えることで大きく増大するし、判決の矛盾抵触という問題も、裁判手続、国際私法規定ひいては準拠法が異なってくるため、さらに深刻になるからである」[15]。

そこであげられている内国後訴の規制のための理由は、国内訴訟において後訴を規制するためにあげられる理由と類似しているのではなかろうか。わが国で初めて承認予測説を唱えられた海老沢教授も、旧民訴法231条の二重起訴禁止の原則の趣旨が二重に訴訟追行を強いられる後訴の被告の迷惑、審判の重複の不経済無益、矛盾する判決の防止にある旨を紹介された後に、つとに次のように述べておられる。

「通説が二重訴訟の禁止をもっぱら国内だけにかぎり、世界社会にはおよばないという結論をとるからには、それらの事情が国際社会ではもはや通用しないということなのであろうが、はたしてそうであろうか。ちょっとかんがえてみても、二国間をかけもちして応訴する被告の困難は一国内のばあいにくらべてまさるともおとらぬものがあることだろうし、各国で矛盾する判決が生じても、主権は相互に無縁独立だから、相互に他を承認しないことによってかまわないとはいってみても、実際の生活はひとつなのであるからそれではやはりこまるはずなのである」[16]。

更に、「訴訟経済の問題」[17]との関連で次のように述べておられる。

「わが国のように、外国裁判所の判決でも一定のばあいには当然に内国で既判力をもちうることが容認されているたて前の法制（わが民訴200条参照）のもとでは、外国裁判所の判決が先になされると、それにもとづいて内国で既判力の抗弁がだせる（正確にいうと職権でも顧慮しなければならない）から、そうなると内国におけるこれまでの手続が全部無駄になってしま

う。そうしてみると，内外の裁判所がたがいに協力体制をとって，ひとつの裁判所が紛争の解決にあたっている以上，他はこれを尊重して自らの裁判権の行使をひかえるというほうが，はるかに経済的且つ合理的だということができよう」[18]。

このようにみてくると，国際的二重起訴の問題と国内的二重起訴の問題は現象面においてのみならず顧慮されるべき利害状況の面においても基本的に類似しているということになろう。実際にも，先にみたように，道垣内＝早川両教授は承認予測説の主張の背後に，国際的二重起訴を旧民訴法 231 条の規律対象と「類似の状況」にあるものとみなすという理解を見出しておられた。そうとすれば，国際的二重起訴の場合において内国後訴を規制するにあたり，国内的二重起訴における後訴を規制する民訴法 142 条（旧条文 231 条）の類推（類推適用）という仕方で説明がなされるべきことになろう。もっとも条理によって補充するという仕方でも承認予測説の帰結が引き出されうるが，条理は「既成の法規範の欠缺の場合（そして適切な類推も不可能な場合），……〔それ〕に従って裁判すべき」ところのもの[19]，欠缺補充方法としては「最後の切り札」[20]又は「最後の方法」[21]として位置づけられるべきものであるという欠缺補充の手順からすると，やはり民訴法 142 条の類推という方法が採用されるべきであろう。実際にも，承認予測説をそのような類推という仕方で説明するという立場を明確に述べた裁判例がある。例えば，平成元年 5 月 30 日東京地裁中間判決[22]は次のように述べる。

旧民訴法「200 条が一定の承認要件の下に外国判決の国内的効力を承認する制度を設けている趣旨を考え，国際的な二重起訴の場合にも，先行する外国訴訟について本案判決がされてそれが確定に至ることが相当の確実性をもって予測され，かつ，その判決が我が国において承認される可能性があるときは，判決の抵触の防止や当事者の公平，裁判の適正・迅速，更には訴訟経済といった観点から，二重起訴の禁止の法理を類推して，後訴を規制するこ

とが相当とされることもあり得るというべきである」[23]。

そこでは「二重起訴の禁止の法理を類推」するという考えが示されている。そしてその際に，外国で下されるであろう本案判決が旧民訴法200条に照らしてわが国で承認される可能性があるという条件が付されているのは，おそらく次のような趣旨からであろう。旧民訴法231条は国内的二重起訴を禁止しているが，それは一定の前提に基づいている。即ち，我が国の裁判所で一つの事件について判決が下され確定すれば，それはわが国の法秩序においてはそのまま効力が認められる——「ひとつの事件について一の判決をすれば，同一国内では，右確定判決の効力につき，制度的に同一の通用力が認められる」[24]——，という前提である。その前提があるために，当事者の負担や訴訟経済や矛盾する判決の防止などの理由から重複する後訴を無条件に禁止することが可能となるのである。これに対して，国際的二重起訴の場合には事情が多少異なる。つまり，外国の裁判所で一つの事件について判決が下され確定しても，それはわが国の法秩序において無条件で効力が認められるのではないのであり，旧民訴法200条（現行民訴法118条）の要件を満たすという条件においてのみ効力が認められる。したがって，国内的二重起訴の場合のように無条件に後訴を規制するわけにはいかないのである。もし内国後訴を国内訴訟におけるように無条件に規制すると，後に外国判決が旧民訴法200条の要件をみたさず効力をもたないことが判明した場合に，そもそも内国後訴を規制する理由が存在しなかったということになり，その結果，もう一度内国で訴えの提起をやり直さざるをえないことになるのである。そのような国際訴訟の特殊性のために，旧民訴法231条の類推にあたり上記のような条件を付加せざるをえないのである。換言すれば，国際的二重起訴の問題と国内的二重起訴の問題は基本的に類似しているので，前者については後者に関する規定に準じた規律（類推）をなすべきであるが，その際には前者の特殊性のために後者に関する規定に示される準則が多少の変容を余儀なくされる，ということになろう[25]。ただ，問題なのは，先行する外国訴訟において下されるであろう本案判決が民訴法118条（旧民訴法

200 条）の承認要件を具備するか否かの予測がどの程度なりたてばよいのかである。この点については特に 3 号の公序要件との関連で予測が困難である旨が指摘されているが，道垣内＝早川両教授によると，「判決内容が公序に違反するか否かは請求趣旨からある程度までは予測が可能であるし，いわゆる『手続的公序』についても，制度全体の運用がわが国からみて手続保障に欠くものでないか判断するに止める見解に立てば，予測は必ずしも困難ではないともいえる」[26]。もっとも，予測が外れるということもありえないわけではない。内国後訴の規制の仕方を却下としておくと，予測が外れた場合に「時効などにより原告が再度内国訴訟を提起し得ないことがある」[27]。そこで，道垣内＝早川両教授は内国後訴を規制する仕方を「訴えの却下ではなく訴訟手続の中止ができないかという問題」を指摘されつつ，更に，期日を「追って指定」するという方法にも言及されたうえで，「立法による手当てが必要である」とされる[28]。しかし，その場合における訴訟手続の中止は，民訴法 130 条・131 条（旧民訴法 220 条・221 条）——それらの条文の基礎にある，訴訟手続の続行が困難な場合には中止すべきであるという趣旨——の類推から導かれうると解すべきであろう[29]。

（2） 比較衡量説（利益衡量説・適切な法廷地説・裁判管轄説）

石黒教授は「proper forum 的発想，そして，国際裁判管轄決定の中に国際的訴訟競合の問題をあえて埋没させる，という考え方」[30]を提示される。「いわゆる国際的訴訟競合の問題につき，内・外（あるいは外・外）いずれが一層適切な訴訟地かを問題とし，さらに，諸般の事情の総合的考慮の下に内国における訴の処遇を決してゆこうとする」[31]。それによると，「国際的訴訟競合の問題が，それ自体としてとり上げられることなく，我国の国際裁判管轄の有無を判断する際のファクターとして，ごく自然に位置づけられ……る」[32]。石黒教授の見解を更に要約的に敷衍すると次のようになろう。

原被告共通型の国際的二重起訴の場合には，「被告の応訴上の不便」を考

えると「とりわけ内国後訴の処理につき，原告側の事情としてかなり忍び難いもののない限り，容易に重複訴訟を認めるべきではないと思われるが，それも事案の諸事情の勘案なしには判断できぬことである」[33]。したがって，裁判官は「原告が何故二国で同時に争うのかという原告側の真に忍び難い事情の有無を…勘案す」[34]べきことになる。原・被告逆転型の国際的二重起訴の場合には，「より適切な訴訟地への訴訟の引き戻し行為として内国後訴を維持すべき場合は少なくない」[35]。関西鉄工事件においては「X会社〔関西鉄工〕側の意図した"より適切な訴訟地への引き戻し行為"は…本件事実関係の下ではやむを得なかった」[36]。「米国第二訴訟のアメリカでの提起には，（米国第一訴訟とは異なり）我国の中小鉄工メーカーであって自己の拠点や資産を何らアメリカに置かぬX会社（関西鉄工）の保護の観点」が考慮に入れられるのであり，また，「紛争事実関係の重点（center of gravity）は…むしろ我国社会にあったと見るべきである」[37]。文藝春秋事件においては，「本件の如き，強者から弱者への原被告逆転型国際的訴訟競合をもたらす債務不存在確認請求を，認めるべきかの点につき，筆者の見方はネガティヴな方向に，原則論としては大きく傾く」[38]。ナンカセイメン事件においては，「本件製麺機についての『事故態様，損害についての証拠はすべて』カリフォルニア州にあるから，とされるが，それは関西鉄工事件でもそうであったのだし，それだけでは必ずしも決定的とは言えない」。東京地裁判決が，製造者について「昭和60年頃製造を中止し，現在は不動産業を営んでいる」と認定したうえで，「『本件製麺機の設計，製造について予想される証拠調べは，日本国内ではあまり実効が期待できない』と…述べる」が，それは「周到な認定判断であり，……説得力があろう」[39]。

このようにみてくると，石黒教授の見解は，内国後訴を規制する場合があることを認めるのであるが，規制するための規準について承認予測説と異なるということになろう。つまり，将来の外国判決が承認されるものであると予測できるか否かではなく，内国よりも外国の方が適切な訴訟地であるか否かであ

る,ということになろう。そして,実際の結果の平面において石黒教授の見解と承認予測説の相違が顕著になるのが,原被告逆転型の国際的二重起訴の場合であるということがわかる。そこでは,「より適切な訴訟地への訴訟の引き戻し」という言葉のもとに,内国後訴を規制しない立場が指摘していた承認予測説の問題点の一つが,意識されているように思われる。つまり,承認予測説によると「当事者の公平や証拠収集の便宜の面から適当とはいえない外国の裁判所で応訴を余儀なくされた」(竹下教授)者を救済することができない,と。そして,石黒教授はそのような者を救済するという法政策を実現するために,国際的訴訟競合の問題を国際裁判管轄の問題のなかに埋没させるという法的構成をとられているのである。また,石黒教授は,承認予測説のもとでは裁判所や訴訟当事者の負担がかえって増大するという指摘に共感を示され[40],そして外国判決の承認予測の困難性を指摘されつつ[41],「承認予測説の基本たる外国判決の承認予測に,この説の最大の弱点がある,とされているのは,極めて皮肉なことである」[42]と評されている。この石黒教授の見解は二つの観点から検討されるべきである。

1　一つは,石黒教授の見解は外国が適切な訴訟地であるか否かを判断する際に外国判決の承認予測を問わないのか,である。承認予測説の「最大の弱点」を外国判決の承認予測の困難性に見出すことを「極めて皮肉なことである」とみなしているところからすると,石黒教授の見解は,一見すると,外国が適切な訴訟地であるかぎり外国判決の承認予測をチェックしないでそのまま内国後訴を規制する,というように読めなくもない。また,承認予測説を意識したうえで,グリーンライン事件に関する昭和59年2月15日東京地裁判決——それは石黒教授の見解に近い立場を示して内国後訴を国際裁判管轄の枠内で規制した——につき次のように述べられる。

「国際的訴訟競合の問題が,それ自体として取り上げられることなく,我国の国際裁判管轄の有無を判断する際のファクターとして,ごく自然に位置

づけられ」るという,「この方向こそが妥当と思われる」のであり,「内外両訴訟間の訴訟物の異同とか,外国で下されるであろう判決の事前の承認予測とかいう極めて困難な問題に深入りすることなく,自然な形で事を処理した本判決の賢さから我々が学ぶべき点は,少なくないと思われる」[43]。

そこでは,国際的二重起訴の問題を国際裁判管轄の決定の枠内で処理する比較衡量説の長所の一つとして,「外国で下されるであろう判決の事前の承認予測とかいう極めて困難な問題に深入りすることなく」すませうることがあげられているように思われる。また,石黒教授は内国後訴を規制した判決を支持する際に,外国判決の承認予測を問うておられない[44]。

しかし,教授が今日の比較衡量説を完成する前になされていた次のような論述に着目すると,異なる結論がでてくることになる。

「はじめから,外国で下されるであろう判決にその意味の承認可能性のないことの,明白である場合には,内国での訴を,二重起訴たることを理由として不適法とする必要がおそらくないであろう…。しかし,逆に,承認可能性があればいっさい内国での訴を不適法とすべきかは問題である」[45]。「内国での訴を不適法とするには,既述の意味における承認可能性,のあることのほか,かなり多様なファクターを考慮した上での慎重な処理が必要とされるべきではあるまいか」[46]。「国際裁判管轄配分上の理念に照らし,当該外国とわが国とのいずれがより適切な訴訟地か,をも一つのファクターとすることは許されまいか」[47]。「わが国がその意味で,当該外国より,はるかに適切な訴訟地であることの明らかな場合,承認可能性の要件が満たされたからといって,一律に我国での訴を不適法とすべきであろうか」[48]。

そのような論述からは,まず外国判決の承認予測を行い,承認可能性が肯定されるときに,「当該外国とわが国とのいずれがより適切な訴訟地か」を検討し,当該外国が「より適切な訴訟地」であると判明したときに内国後訴を規制

する，という見解を読み取ることができるのではなかろうか[49]。しかし，もしそのような見解であるならば，石黒教授は承認予測の困難性を承認予測説の「最大の弱点」とみることには反対すべきことになろう。教授の見解自身も外国判決の承認予測を，内国後訴を規制するための要件の一つにしているからである。もっとも，その後において教授は比較衡量説を完成されたときにはもはや外国判決の承認予測を問わないという方向に変られた——それ故に上記のような「外国で下されるであろう判決の事前の承認予測とかいう極めて困難な問題に深入りすることなく」という論述がでてくる——という可能性もなくはない。

　ところで，例えば外国の訴訟が公示送達に基づくものであったり（民訴法118条2号を参照），又はわが国と外国との関係で相互保証がなかったり（同条4号を参照）して将来の外国判決がわが国で承認されないことが明らかである場合には，内国後訴を規制することには合理的な理由がないように思われる。先にみたように，石黒教授も以前には「はじめから，外国で下されるであろう判決にその意味の承認可能性のないことの，明白である場合には，内国での訴を，二重起訴たることを理由として不適法とする必要がおそらくないであろう」とされていた。また昭和62年6月23日東京地裁中間判決[50]も，「既に他国の裁判所に係属している事件と同一の事件につき訴えが提起されても，後訴が提起された国の外国判決の承認要件によれば前訴の係属している他国の判決が承認される可能性が全くない場合には，二重起訴を認めたことによる前記のような弊害は生じない」と述べる。そうとすれば，上記のように外国判決につき最初から承認されないことが明確である場合には，たとえ石黒教授の見地からみて外国こそが当事者の公平や証拠調べの便宜などの観点から「より適切な訴訟地」であるときでも，内国後訴を規制すべきではないということになるのではなかろうか。換言すれば，石黒説においても内国後訴を規制するにあたり外国判決の承認可能性予測は外国の方が「より適切な訴訟地」であるという要件とは別個の要件——又は「より適切な訴訟地」が外国であると判断する際の不可欠な要素の一つ——とされるべきではなかろうか[51]。

2　他の一つは，内国がより適切な法廷地であるときには内国後訴を規制しない——「より適切な訴訟地への訴訟の引き戻し」——という法政策を実現するためには，必ずしも国際裁判管轄（審理管轄・直接管轄）の枠組では十分ではなく，むしろ承認予測説の枠組こそがふさわしいのではなかろうか，したがって石黒教授の見解と承認予測説の対立は結局において承認管轄（間接管轄）の規準をどのような内容にすべきかという点に帰着することになるのではなかろうかである。その点を敷衍してみよう。

　石黒教授が国際的二重起訴の問題を審理管轄としての国際裁判管轄の枠組のなかで処理すべき積極的な根拠として指摘しておられたのは，承認予測説が従来の承認管轄の規準——例えば審理管轄の場合と同様に民訴法の土地管轄規定の実質的類推から得られる規準——に基づいて外国判決の承認可能性を比較的に広く肯定して，それに基づいて内国後訴を規制してしまう，という点であったように思われる。それ故に，石黒教授にあっては，承認予測説との対比において，「より適切な訴訟地への引き戻し行為として内国後訴を維持すべき場合は少なくない」という論述が出てくるのである。換言すれば，石黒教授は，承認予測説のもとでは規制すべき内国後訴であっても事案によってはそれを維持すべき場合が「少なくない」，という法政策的判断を前提にしておられるのである。そして，わが国の方が「より適切な訴訟地」とみなされるが故に内国後訴を規制すべきではない場合というのは，石黒教授が実際にあげておられる上記の例から推測するとこうである。つまり，たとえわが国の従来の承認管轄の規準からして外国に国際裁判管轄が認められるときであっても，外国訴訟における原告の方が強者である（内国後訴の原告の方が弱者である）場合，又は「紛争事実関係の重点」が外国ではなくわが国にある（証拠調べをなすにはわが国の方が便宜である）場合などである，と。そして，そのような「より適切な訴訟地への引き戻し行為」を認めるという法政策を実際に貫徹するためには——更にはせっかく維持した内国訴訟を無駄にしないためには——，判決の抵触が生じても内国判決を優先させるという判断が不可欠となろう。実際にも，石黒教授は，「わが国での訴訟の方が一層適切との判断の下に内国後訴を維持

したならば，その後，内国訴訟係属中もしくは内国判決確定後に外国判決の承認が求められた場合にも，その承認を拒絶することが必要」であり，「その場合の承認拒絶の根拠法条としては，proper forum を問題とする…趣旨からして，民訴200条3号ではなく1号に基づき（承認管轄の動態的把握！），静態的にはともかく国際訴訟競合状態においては当該外国に国際管轄がないとして取扱うべきであろう」[52]とされるのである。そのような論述からすると，石黒教授の内国後訴を維持すべきであるという判断は旧民訴法200条1号の承認管轄上の判断――「当該外国に国際管轄がない」という判断――と直結している，ということが理解される。そしてその場合の承認管轄の規準は，先にみたところからすると，例えば外国の方が「より適切な訴訟地」であることというような一般条項的なものになろう。このようにみてくると，石黒教授の見解においては次のような基本的法政策が示されているということになろう。つまり，当事者間の公平又は証拠調べの便宜などの裁判管轄的観点からは外国の裁判所よりもわが国の裁判所で審理されるべきである（わが国の方が「より適切な訴訟地」である）と思われる場合には，外国で訴えられた者にわが国で訴え返すことを認めるべきであり，また，その場合には将来の外国判決にはわが国では効力を認めるべきではない，と。

　因みに，石黒教授は外国判決承認要件としての承認管轄につき，その規準を，内国訴訟存在の場合（承認管轄の動態的把握）とそうでない場合（承認管轄の静態的把握）とで分けて考えられるようである[53]。しかし，承認管轄につきそのような場合分けをして，異なる二つの規準を提示することには，あまり合理性がないのではなかろうか。その二つの場合分けに基づく規準の相違が実際に意味をもつのは，「より適切な訴訟地」がわが国であるときに外国訴訟の被告がわが国で訴え返したか否かという点にあるにすぎないからである。石黒教授の見解のもとでは，訴え返した場合にはそれだけの理由で外国判決は承認されないことになるが，訴え返していない場合には外国判決は承認される可能性が存在することになる。しかし，わが国で訴え返すか否かはまったく外国訴訟における被告の自由なのであり，そのような行為があるか否かによって外国

判決承認の問題が大きく左右されるというのは,やはり合理的ではないのではなかろうか。また,もし石黒教授の見解がわが国の裁判所によって採用されるならば,「より適切な訴訟地」がわが国であるときにはおそらくわが国で訴え返さないものはほとんどいなくなるのではなかろうか。したがって,上記のような場合分けは実際にはあまり意味をもたないことになるのではなかろうか。外国判決承認の要件としての承認管轄の問題において重要なのは,外国裁判所が当事者間の公平や証拠収集の便宜などの観点から適切な裁判所であったか否かであり,外国訴訟における被告が内国でも訴えたか否かではなかろう。そうとすると,やはり,石黒教授の上記のような基本的法政策をとるならば,それを一貫して,国際的二重起訴の場合であろうがなかろうが──内国訴訟が存在するか否かとは無関係に──,内国の方が「より適切な訴訟地」であるかぎり外国判決を承認しないとすべきことになるのではなかろうか。

　その問題は別として,ここで重要なのは,石黒教授の基本的法政策は承認管轄の規準に直接に関わるのであり,しかも教授の考えておられる承認管轄の規準は承認予測説がこれまでに想定してきたものとはかなり異なるということである。

　ところで,石黒教授は上記のように外国訴訟係属という事実を審理管轄としての国際裁判管轄の決定の枠内で考慮に入れるという立場をとられるが,それは国際裁判管轄決定に関する教授の判断枠組において可能なのであろうか。その点を検討してみよう。国際裁判管轄決定に関する教授の基本的な態度はおよそ次のようである。

「民訴法上の土地管轄の規定が国際裁判管轄の規定としての機能をも果たすべく当初より予定された上で定立されたものである」。「別段,立法者意思説を厳格に貫くのでない限り,民訴法の土地管轄の規定から『わが国の裁判所の国際的裁判管轄権を直ちに導き出そうとする解釈』がどのような内実のものたるべきかはまさに法解釈学の実践的な課題となるのであり,そのような解釈が直ちに『不当な結果』をもたらすわけではない」[54)]。「民訴5条の義

務履行地管轄の規定は、こと国際裁判管轄の決定に関する限り、目的論的にこれを活用すべき」である[55]。「この条項〔民訴5条〕に限らず、国際裁判管轄決定上は個々の民訴規定の目的論的運用」が「重要」である[56]。「民訴5条もまた、他の土地管轄の規定と共に、こと国際裁判管轄決定上は当該紛争事実関係の重点（center of gravity）をなす社会の探求という準拠法選択におけると同様の利益衡量を盛り込む器として把握されるべきものである」[57]。

そのような論述からは、次のような立場を読み取ることができよう。つまり、財産事件の国際裁判管轄決定に関して法の欠缺を認めず、「民訴法の土地管轄規定から『わが国の裁判所の国際的裁判管轄権を直ちに導き出そうとする解釈』」を採用するのであるが、その解釈の「内実」を土地管轄規定の機械的運用にではなく、「目的論的運用」にもとめる、と。確かに、民訴法の土地管轄規定の解釈は、民法などの解釈の場合と同様に、文言の用法や文法の規則のみに基づいてなされるべきではなく、目的論的解釈も利用されるべきである。しかし、その目的論解釈も、文字と語句の用法や文法の規則に基づいて法文から得られる可能な意味の範囲内（文理解釈として可能な範囲内）という制約のもとで、更には他の諸法規や法体系との論理的・体系的関連性に適合的であるという制約のもとで、可能なのであって、無制限ではないように思われる[58]。したがって、いくら土地管轄規定の「目的論的運用」——土地管轄規定を「利益衡量を盛り込む器」として捉える——といっても、それには上記のような制約があるということになろう。そうとすると、「民訴法のどの規定に引っかけてわが国の国際裁判管轄を肯定するかは、単なるレッテル貼りに過ぎない」[59]という石黒教授の論述も、土地管轄規定の硬直的な文理解釈に対するアンチテーゼとしては十分に評価することができるのであるが、現行の土地管轄規定のもとにおいてもどのような解決も可能であるかのような印象を与えるという点ではミスリーディングであるということになろう。このようにみてくると、審理管轄としての国際裁判管轄の決定にあたり、外国訴訟係属という事実を一つのファクターとして考慮に入れて「内外……いずれが一層適切な訴訟地か」と

いう観点を導入することについては，それは民訴法の土地管轄規定の文言や，二重起訴の問題を裁判管轄（土地管轄）の問題から切り離して規律している民訴法の体系との関連[60]からしてはたして可能なのであろうかという問題が提出されるべきであろう．その点が石黒教授においては必ずしも明確に説明されていないように思われる．なお，審理管轄に関する石黒教授の基本的な考えとは異なり，法の欠缺を認めて民訴法の土地管轄規定を——特段の事情の法理を導入しつつ——実質的に類推していく判例の立場に立脚したうえで，特段の事情の法理の枠内で石黒教授の基本的法政策を実現していこうとする試みも考えられなくはない[61]．しかし，特段の事情の法理は，その特段の事情という言葉自体からしてわかるように，あくまでも原則的な準則の適用結果を例外的に修正するための準則にとどまる．つまり，特段の事情の法理は，初めてそれを提示した昭和59年3月27日東京地裁中間判決[62]が示すように，民訴法の通常の土地管轄規定によって認められるわが国の国際裁判管轄を「当事者の公平，裁判の適正，迅速を期するという民事訴訟の基本理念に著しく反する結果をもたらす」事情——「わが国裁判所で本件を審理することが，必要な防禦の機会を奪われる程の不利益を〔被告〕に課する」という事情，又は「証拠調べについて裁判の適正・迅速を害する程の不都合を生じさせる」という事情——がある場合にかぎり例外的に否定するためのものである．民訴法の土地管轄規定の実質的類推から得られる規準と特段の事情の法理との関係は，国内裁判管轄における民訴法4条（旧民訴法1条）以下の通常の土地管轄規定と17条（旧31条）の移送規定の関係に対応するのである．したがって，民訴法の通常の土地管轄規定によりわが国の国際裁判管轄が認められる場合には，右の民訴法の基本理念に「著しく反する結果」——「必要な防禦の機会を奪われる程の不利益を〔被告〕に課す」という結果，又は「証拠調べについて裁判の適正・迅速を害する程の不都合を生じさせる」という結果——をもたらすような特別の事情のないかぎりわが国の国際裁判管轄を否定できないことになり，石黒教授の基本的法政策——そこでは民訴法の土地管轄規定によりわが国の国際裁判管轄が認められる場合であっても，外国の方が内国と比べて少しでも「より適切な訴訟

地」であればわが国の国際裁判管轄が否定されるべきことになるように思われる——を必ずしも完全に実現できるようなものなのではないように思われる。実際にも，国際裁判管轄の存否の判断枠組との関連で石黒教授が昭和59年3月27日東京地裁中間判決についてなされた次のような論述も，そのことを示すように思われる。「前記東京地判昭和49年における柔軟な利益衡量のプロセスが，本判決において辛うじて『特段の事情』の存否（しかも『民事訴訟の基本理念に著しく反する結果』になるか否かという角度から判断されるそれ）という枠組の中で示されている」[63]。そこでは，「辛うじて」という言葉，更には「しかも」という言葉に注意すると，昭和59年3月27日東京地裁中間判決におけるような特段の事情の法理では石黒教授が考えておられるような「柔軟な利益衡量」は完全にはできない，と判断されているのではなかろうか。

　そのように審理管轄としての国際裁判管轄の決定に関する石黒教授の基本的立場との関係で教授の上記の基本的法政策を実現するには多少の無理があるということ，上記の基本的法政策は承認管轄の規準に関する教授の独特の提案を含むものであること，更に内国後訴を規制する場合には一応外国判決の承認可能性予測をチェックすべきであり教授の場合においてもそのことにあえて反対すべき合理的な理由がない——実際にも承認可能性予測を考慮に入れる論述がまったく見出せないわけではない——ということを考慮に入れると，教授の上記のような基本的法政策を実現するのに適合的なのは，審理管轄としての国際裁判管轄の枠組ではなく，むしろ承認予測説のもとにおける承認管轄としての国際裁判管轄の枠組である，ということになるのではなかろうか。例えば，次のような仕方によってである。つまり，外国判決の承認予測が可能な場合にのみ内国後訴を規制すべきであるとしつつ，承認予測の可能性をチェックする際の規準の一つである民訴法118条1号の承認管轄の要件については，外国の方が「より適切な訴訟地」であることという規準にする[64]，と。そうとすると，従来の承認予測説との関係での石黒教授の見解の実質的な意義は，外国判決の承認予測の際における承認管轄の規準を従来のような民訴法の土地管轄規定の実質的類推にもとめるのではなく，「より適切な訴訟地」が外国であることと

いうような一般条項的規準にもとめる点にある，ということになるのではなかろうか。因みに，ここでは，ひとしく国際裁判管轄と呼ばれるものであっても審理管轄と承認管轄は作用する場面と意義を異にするので，規準に関して同一でなければならない必然性はなく，異なることもありうるという判断が前提となっているのである[65]。

(3) 折衷説

　山本和彦教授は国際的二重起訴を二つの場合に類型化したうえで承認予測説と比較衡量説を使い分ける，いわば折衷説ともいうべき見解を提示された。まず，「原被告共通型の訴訟競合については，承認予測説による処理が妥当と思われる」とされる。その際には，「被告の重複防禦の不利益」を重視される。ついで，「原被告逆転型，すなわち前訴の原告が後訴では被告となる（給付訴訟前訴，債務不存在確認後訴など）場合には，被告の不利益が問題となる余地はない」し，「跛行的法律関係についても，両者がそれぞれその点を承知で自らの訴えを維持しているのであるから，あまり問題とする必要はな」いので，「むしろ利益衡量説の説くように，適切な管轄地への引戻しという国際裁判管轄の問題として処理するのが妥当である」[66]とされる。

　この見解については，まず，条文との関係でどのように説明されるべきなのかが問題になるが，その点に関する山本教授の態度は明確ではない。承認予測説と石黒教授の比較衡量説の使い分けという点に着目すると，山本教授の見解は，国際的二重起訴の問題のなかの原被告共通型の場合には民訴法142条を類推し，原被告逆転型の場合には民訴法の土地管轄規定をそのまま適用する（又は判例のように実質的に類推する）ということになるのであろうか。しかし，原被告共通型であろうと原被告逆転型であろうと，同一事件に関する重複する訴えという意味で二重起訴が問題になっていることには変りがないはずである。それなのに，原被告共通型の二重起訴を訴えの利益の問題として取り扱い原被告逆転型の二重起訴をそれとはまったく異なる裁判管轄の問題として取り扱うというのでは，一貫性を欠くことになるのではなかろうか。山本教授の見

解に対して渡辺教授は「そもそも基本認識から異なる両説の結論部分のみを組み合わせることが解釈論として矛盾しないかとの疑問」[67]を提示しておられる。そのように「解釈論として矛盾」とまでいえるかどうかは別として，やはり一貫性の欠如は否めないように思われる。法的構成という観点からして問題なのは，おそらく，山本教授が原被告逆転型の国際的二重起訴の場合を国際裁判管轄の問題として捉えて石黒教授の比較衡量説を採用される点であろう。山本教授がそのような態度を示されるのは，原被告逆転型の場合に関する「適切な管轄地への引戻し」――石黒教授の言葉によると「より適切な訴訟地への引き戻し」――という基本的法政策を実現するためである。しかし，そのような目的を達成するにあたっては，二重起訴の問題を裁判管轄の問題としてではなく訴えの利益の問題として捉える民訴法の体系的位置づけから，あえて離れる必要があったのであろうか。先に石黒教授の見解について述べたように，上記のような基本的法政策の実現ということからすると，むしろ，山本教授が原被告共通型の場合について採用されている承認予測説の枠組のなかで承認管轄の規準を操作する，という方向で十分であったのではなかろうか。また，先に石黒教授の見解について指摘したのと同様に，審理管轄としての国際裁判管轄の枠組において上記のような基本的法政策を完全に実現することには多少の無理がともなうのではなかろうか。

　なお，折衷説という範疇に入れることが適切かどうかは別として，ここで便宜上，渡辺教授の見解に言及しておこう。教授の見解は「国際的二重訴訟問題を訴えの利益の問題とする」[68]点では承認予測説に類似するが，「承認予測説は，二重起訴禁止原則を妥当させる制度的前提が一般的に整っているとはいえない国際社会において，国内の場合と同様な原則を貫こうとする点に無理がある」[69]として，承認予測説に対して批判的態度を示すのである。そして，「どのような場合にこのような内国後訴の利益が認められるか」，「〔後から〕内国で提起された訴につきわが国で裁判する利益若しくは必要の有無」[70]を検討していくという方向が示される。そのように内国後訴を規制すべきか否かを「わが国で裁判する利益若しくは必要の有無」という一般条項的な規準によって判断

するという点では，渡辺教授の見解は石黒教授の見解と類似するもの——もっとも前者は「実体的な権利に関わる側面」と「手続的権利の保障に関わる側面」[71)]に関係するファクターを包括的に考慮に入れるので，国際裁判管轄決定に関係するファクターのみを考慮に入れる後者よりも広範なファクターを考慮に入れるとさえいえる——とみなされる。渡辺教授はそのような規準の適用に関して，「既に同一紛争について外国で訴訟が係属し，その外国にわが国の法からみて間接的管轄が肯定され又わが国との間に判決承認に関して相互性が認められる場合，一応はわが国で重ねて裁判をする利益はないと推定することから出発してよいであろう」とされ，「これらの条件を外国訴訟が備える場合，それにより権利の充分な保護が得られない等，内国裁判によるべき特別な利益若しくは必要性が認められない限り，内国後訴は却下を免れないことになる」[72)]とされる。そして，「内国後訴についての利益若しくは必要性の判断」にあたり，「外国訴訟によっては紛争の十全な解決が期待でき」ない又は「当事者の基本的な手続的権利の保障が得られないという事情」などがあるかどうかが検討される[73)]。その際には，内国後訴の利益が認められる可能性のある主な具体例としては，外国では「高額な懲罰の賠償等を規定する特別法，或は，損害賠償額が著しく低い責任限定を規定する特別法等が適用される恐れがある場合」[74)]，「外国での訴訟の極端な遅延，或は，不相当に高額な費用を必要とし原告の資力ではその訴訟追行を強いることが不当と考えられる場合（過剰なディスカヴァリーの場合），或は，公平な裁判が期待できないと考えるに相当な事情が認められる場合（例えば外国企業に対する偏見が極めて強い状況下での陪審裁判）」[75)]などがあげられている。そして，石黒教授と同様に，渡辺教授は，上記の一般条項的な規準により内国後訴を維持すべき場合には，外国判決を承認すべきではないという態度を示される。渡辺教授によると，「内国後訴の重複的な係属を内国法が適法と評価した反射として，内国法は外国訴訟を不当視したというべきである」[76)]。

この見解については，国際的二重起訴を「訴えの利益の問題」として処理するのであるならば，なぜ承認予測説と同様に二重起訴禁止に関する民訴法142

条の類推を試みることなく，既存の条文から離れて，裁判官の，広範なファクターを考慮に入れたうえでの裁量的判断に委ねるのかが問題になる。国際的二重起訴は少なくとも現象的には，民訴法において訴えの利益の問題として処理されている国内的二重起訴と類似しているからである。それに対する渡辺教授の答えは，「国際社会において」は「二重起訴禁止原則を妥当させる制度的前提が一般的に整っているとはいえない」という点にあるように思われる。確かに，国際的二重起訴の場合には，民訴法142条が念頭におく国内的二重起訴の場合と異なり，先行する訴訟の確定判決がそのままわが国で効力を認められるという前提が存在しないと一応はいえる。しかし，その前提はまったく存在しないのではなく一定の条件のもとで与えられているのである。つまり，民訴法118条は内国訴訟と外国訴訟が異なりうるということをふまえたうえで外国判決に一定の条件を課し，それを満たすものについては効力を認めているのである。承認予測説が民訴法118条のもとでの承認予測可能性を要件にするのは，まさに「二重起訴禁止原則を妥当させる制度的前提」を整わせるためにほかならないように思われる。渡辺教授は外国訴訟が「間接的管轄」と「相互性」の要件——これは民訴法118条の1号と4号に対応する——を満たすようなものであっても内国後訴の訴えの利益を肯定しうるものとしてあげられた具体例の大半は，民訴法118条（特に3号の公序要件）による承認予測可能性のチェックでもってカヴァーされうるように思われる。

4 おわりに

以上，国際的二重起訴の問題に関する代表的な見解を法律の条文との関係に留意しつつ分析・検討してみた。以下には，その要約的検討を試みる。

まず，法律条文との関連である。民訴法142条（旧条文231条）の「『裁判所』はわが国の裁判所を意味するものであって外国の裁判所を含まないと解すべきである」というそれだけの理由のもとに内国後訴を規制しない大阪地裁中間判決や竹下教授らの規制消極説は，結局は法の欠缺を認めたうえでそれを民

訴法142条の反対解釈によって補充するものとして捉えられるべきである。民訴法118条の要件に照らして将来の外国判決がわが国で承認されると予測しうる場合に内国後訴を規制する道垣内教授らの承認予測説は，法の欠缺を認めたうえでそれを民訴法142条の類推によって補充するものとして捉えられるべきである。そのような民訴法142条の反対解釈と類推のいずれを採用すべきかという問題は，結局においてそれぞれの見解がもたらす結果についての妥当性判断による。また，石黒教授の見解は国際的二重起訴の問題につき法の欠缺を認めないでそれを民訴法の土地管轄規定の枠内で処理しようとするものとして捉えられるべきであるが，そうとすると，「柔軟な利益衡量」に基づく国際裁判管轄存否の判断という一般条項的処理が民訴法の土地管轄規定の文句からしてどこまで可能なのか，また，国際的二重起訴の問題を国際裁判管轄の枠組のなかで処理するという発想は裁判管轄の問題と二重起訴の問題を峻別している民訴法の体系と調和しないのではないのか，という問題が生じよう。

　次に，法政策との関連である。道垣内教授らの承認予測説は当事者の負担や判決の矛盾抵触などを阻止するという観点を前面に出すのであるが，竹下教授らの規制消極説は「国際的な裁判管轄に関するルールが明確になっていないことから，当事者の公平や証拠収集の便宜の面から適当といえない外国の裁判所で応訴を余儀なくされた」者を保護するという観点を前面に出す。その点について言及するに，まず，その二つの観点は抽象的にいえば本来的には対立するものではない。というのは，承認予測説も，外国判決の承認予測の際に承認管轄の要件（民訴法118条1号）を打ち出すことにより，当事者の公平や証拠収集の便宜などの観点からして不適切な外国裁判所で訴えられた者を保護することを意図しているといえるからである。そのことを考慮に入れると，竹下教授らが承認予測説を批判するにあたり「当事者の公平や証拠収集の便宜の面から適当といえない外国の裁判所で応訴を余儀なくされた」者を保護すべきであるという観点を強調されるときには，実際には，承認予測説が主張する承認管轄の要件の内容について一定のものが念頭におかれ，それによると「当事者の公平や証拠収集の便宜の面から適当といえない外国裁判所」の判決も承認される

ことになる——したがって内国後訴が規制されて上記のような者を保護できなくなってしまう——，と考えられているということになろう。そして，その承認管轄の内容として念頭におかれているのは，おそらく，承認管轄の規準については審理管轄のそれをそのまま使用するという多数説的理解のもとにおける，判例などの提示している審理管轄の規準——当事者間の公平や裁判の適正・迅速の理念のもとに作られていると解されてきた民訴法の土地管轄規定を原則として実質的に類推すること——であると推測される。それでは，竹下教授らが民訴法の土地管轄規定を原則として実質的に類推することによって得られる規準では「適当といえない外国裁判所」の判決も承認されることになってしまう，と判断される際に前提にしておられる，「適当といえ」るか否かの規準はいかなるものなのであろうか。事案の諸事情を総合的に考慮に入れたうえで「当事者の公平や証拠収集の便宜の面から適当といえ」るかどうかを判断する，という一般条項的なものになるのであろうか。その点についての具体的な態度はまだ明確には示されていない。次に，竹下教授らの上記の観点それ自体は必ずしも全面的な規制消極説——これは我が国の従来の審理管轄の規準のもとに訴え返すことを無条件で認めるので外国判決の承認の可能性を実質的に大幅に狭めることに帰着する——に直結しないように思われる。その観点を貫くと，外国の裁判所が「当事者の公平や証拠収集の便宜の面から適当といえ」る場合には内国後訴を規制すべきである，という結論になるように思われるからである。竹下教授も，承認予測説の説く「国際社会における既判力の抵触の発生の防止という国際主義的な要請は，時代のすう勢でもあり一概に否定できないものである」とか，承認予測「説の説く実質論には正当なものが含まれている」[77]とか述べられるのである。そうとすると，竹下教授の提示される法的構成（民訴法142条の反対解釈）はその本来的に意図する法政策の実現にとってはたして適合的なものであるのかどうか，検討する余地があるということになろう。他方，竹下教授らの上記のような観点を一貫させて，「当事者の公平や証拠収集の便宜の面から適当といえ」る外国裁判所の場合には内国後訴を規制すべきであるという結論を目指すと思われるのが，石黒教授の比較衡量説であ

る。それは，当事者間の公平と証拠調べの便宜などの観点から事案ごとに諸事情を総合的に考慮に入れて，内国と外国のいずれが「より適切な訴訟地」であるかを探り，「より適切な訴訟地」が内国である場合には内国後訴を規制すべきでないとしつつも，「より適切な訴訟地」が外国である場合には内国後訴を規制するという立場を示す。その意味で，石黒教授の見解は竹下教授らの上記の観点を純粋に貫こうとしたものとして捉えられるべきではなかろうか。

　ところで，石黒教授においては，外国の裁判所が「より適切な訴訟地」であるときには内国後訴が規制されることになるのであるが，その規制の際に外国判決の承認予測可能性の要件を付加することに反対すべき合理的な理由がないように思われるし，また実際にも，外国判決の承認予測可能性を考慮に入れるような論述も見出されないわけではないのである。他方，教授が承認予測説を批判するにあたり「より適切な訴訟地への訴訟の引き戻し」という観点を強調されることからすると，承認予測説の問題は，先に竹下教授らの観点の場合に述べたのと同様に，従来一般に判例などにおいて展開されてきた承認管轄の規準——民訴法の土地管轄規定を原則として実質的に類推することから得られる審理管轄の規準をそのまま承認管轄に反映させたもの——によって外国判決の承認予測可能性を比較的に広く認めて，それに基づいて内国後訴を規制するという点にある，と考えられていることになろう。そしてここで注意されるべきは，ひとしく国際裁判管轄と呼ばれるものであっても審理管轄と承認管轄とは作用する場面と意義を異にするので，規準に関して同一でなければならない必然性はなく，異なることもありうる，という点である。石黒教授も，「審理管轄の決定基準がこれこれだからとして，論理的・機械的に承認管轄を決するが如き考え方は明確に排除すべきことをここであらためて強調しておきたい」[78]と述べられる。そうとすると，承認予測説のもとでも，承認管轄の規準を従来一般に判例などにおいて展開されてきた審理管轄の規準に求めるのではなく，石黒教授と同様に「より適切な訴訟地」が外国であることというような一般条項的な規準に求めれば，石黒説の基本的法政策を実現することが十分に可能ということになろう[79]。むしろ，石黒教授の基本的法政策はまさに承認予測説の

枠組のなかでこそ適切な仕方で実現可能である。換言すれば，その法政策の実現のためにはあえて国際的二重起訴の問題を審理管轄としての国際裁判管轄の枠組のなかに引き込むべきではないように思われる。教授は審理管轄としての国際裁判管轄について法の欠缺を認めず「民訴法の土地管轄の規定から『わが国の裁判所の国際的裁判管轄権を直ちに導き出そうとする解釈』」を試みられ，そしてその解釈の「内実」を「個々の民訴法規定の目的論的運用」にもとめられるのであるが，そうだとしても，国際裁判管轄の決定にあたり，外国訴訟係属という事実を一つのファクターとして考慮に入れて「内外…いずれが一層適切な訴訟地か」を総合的に判断するという観点を導入することについては，やはり土地管轄規定の文句や，二重起訴の問題を裁判管轄の問題から切り離して訴えの利益の枠組で規律しているわが国の現行の民訴法の体系との関連からしても，若干の無理が見出されうるのではなかろうか。

　このように考えていくと，問題は「より適切な訴訟地」が外国であることというような内容の一般条項的な規準を承認管轄に導入することの当否にあろう。その問題については，次の二点が指摘されるべきである。第一に，石黒教授が念頭においておられるような「より適切な訴訟地」という一般条項的規準は，当事者間の公平や証拠調べなどの観点からみて少しでもわが国の方が外国よりも適切であると判断されるときにはつねに内国後訴を維持して，外国判決を承認しないとすることに導くことになるが，それでは外国判決の承認の可能性が従来の承認管轄の準則の場合に比してかなり狭められることになりうる，という点である。確かに，石黒教授はそのような承認管轄の規準を内国後訴が提起された場合に限定して認め（承認管轄の動態的把握），内国後訴が提起されない場合には異なる規準を認める（承認管轄の静態的把握）という方向を示される――したがって承認予測説のもとで石黒教授の基本的法政策をそのまま実現するためには，承認管轄の要件を石黒教授の場合と同様に内国訴訟のある場合とそうでない場合に分けて考えていくことになろう――ようであり，外国判決承認の可能性の縮減も一応は限られた範囲でのみ生じるといえよう。しかし，外国訴訟の被告による訴え返し――それは被告のまったくの自由である

——があるか否かというそれだけの事実によって承認管轄の規準を大幅に異ならしめることの当否は別としても，もし石黒教授の見解が採用されるならば，外国で訴えられた者の多くは訴え返すことになってしまうのではなかろうか。第二に，石黒教授の「より適切な訴訟地」という規準は一般条項的なものであるので，問題の解決を事案ごとの裁判官の裁量的判断に委ねること（多少誇張していえば裁判官への白紙委任）になりうる，したがってときとしていずれが「より適切な訴訟地」かの判定が困難な場合について裁判官に微妙な判断を迫ることになりうる，という点である。裁判を裁判官の恣意的な判断から解放すべきであるという理念からすると，また，ある程度具体的な規準を示すことにより結果への予測を可能ならしめるという配慮からしても，上記のような内容の一般条項を原則的な準則とすることはやはりできれば避けるべき事柄ではなかろうか。この点は，これまでにもすでに，石黒説に向けられる「裁判官の裁量が広範囲に失し予測可能性が失われるとの批判」[80]という形で多くの人によって意識されてきているところでもある。ただここで注意されるべきは，承認予測説が暗黙裡に前提としていると思われる従来の承認管轄の規準のなかにも一般条項的規準がまったくないわけではないということである。従来一般に承認管轄の規準は審理管轄の規準と同じであると考えられてきたように思われるが，その審理管轄の規準を代表するものとして著名なのは一連の下級審判決によって示されたものである。それは民訴法の土地管轄規定を原則として実質的に類推するのであるが，それによって国際裁判管轄が認められるべき場合であっても，例外的に特段の事情の存するときには国際裁判管轄を否定するというものである。この特段の事情の法理は確かに一般条項的な性格を有するが，それはあくまでも，民訴法の土地管轄規定の実質的類推から得られる原則的な準則との関係における例外的な準則にとどまるのであり，いわば民訴法4条以下（旧民訴法1条以下）の通常の土地管轄規定との関係における民訴法17条の「訴訟の著しい遅滞を避け，又は当事者間の衡平を図るため」（旧民訴法31条の「著キ損害又ハ遅滞ヲ避クル為」）の移送規定に対応するといえよう。その意味で，石黒教授の考えられる「より適切な訴訟地」という原則的な準則とは

顕著な相違を示すのである。その結果，特段の事情の存否の判断は，当事者の公平，裁判の適正，迅速を期するという民事訴訟法の基本理念に「著しく反する」結果をもたらす事情が存するかという観点からなされるべきものなのである[81]。そのような一般条項的規準としての特段の事情の法理[82]については，承認管轄の平面において審理管轄の平面よりも緩めて弾力的に運用することも考えられる。もっとも，そのような運用の仕方にも限度があるので，石黒教授の意図されるところを完全には実現できないかもしれないが，ある程度まで実現できるのではなかろうか。また，外国判決の承認の可能性をあまり狭めすぎるべきではないという観点，及び，裁判官にあまり大幅な裁量を認めるべきではないという観点からして，上記のような運用の仕方で十分なのではなかろうか。

1) 文献は枚挙に暇がないほどであり，例えば道垣内正人＝早川吉尚「国際的訴訟競合の諸問題」国際私法の争点〔新版〕254頁に掲げてある諸文献の他に，安達栄司「国際的訴訟競合」民事訴訟法の争点〔第3版〕279頁に掲げてある諸文献を参照。
2) 小林秀之編『判例講義 民事訴訟法』（中野俊一郎教授執筆）56頁。
3) 兼子一『条解民事訴訟法上』631頁。
4) 渡辺惺之「国際的二重訴訟論」中野古稀記念『判例民事訴訟法の理論（下）』478頁。
5) 判例時報728号76頁。
6) 小林秀之・渉外判例百選〔第3版〕238頁。
7) 兼子（松浦＝新堂＝竹下）『条解民事訴訟法』849頁及び848頁（竹下守夫教授執筆）。
8) 学説は，規制消極説を採用する「判例はいずれも民訴法231条の裁判所は外国裁判所を含まないとするに止まり，二重起訴禁止の妥当を否定すべき実質的な理由を判示していない」（渡辺・前掲479-480頁）として，判例に実質的な理由の提示をもとめるという方向にある。確かにその点は重要ではあるが，そもそも「民訴法231条の裁判所は外国裁判所を含まないとするに止ま」ることからいかにして規制消極説が導き出されるのか，という点についての法的推論を明らかにすることも重要であろう。
9) 反対解釈については広中俊雄『民法解釈方法に関する十二講』53頁以下を参照。
10) 高桑昭「内国判決と抵触する外国判決の承認の可否」NBL155号9頁も，「裁判管轄権に関するルールが明確でないために，被告（ときには原告も）にとって著しく不便な国で裁判を受けなければならないとか，原告が自己に有利な結果を得るため

にいわゆるフォーラム・ショッピングをするようなことが往々にしてある」ことなどを理由に「国際的な二重訴訟は現在の法律制度のもとではやむをえないものといわざるをえない」とみなす。更に，加藤哲夫「二重起訴禁止」『新版・民事訴訟法演習 1』153-154 頁も参照。

　なお，高桑・前掲 9 頁は更に，「原告としてはいくつかの国で執行をする必要のある場合には，それぞれの国で債務名義を取得するほうが外国判決の承認という方法よりも迅速で十分な救済が受けられることもある」と指摘する。しかし，いくつかの国で応訴を強いられる被告の負担などを考慮に入れると，原告のそのような便宜さ——その点については道垣内正人「国際的訴訟競合（5・完）」法学協会雑誌 100 巻 4 号 62 頁は「保全処分の活用」でもって対処できるとする——は重視すべきではないように思われる。高桑教授と同様に規制消極説を説かれる竹下教授も，そのような原告の便宜さを援用しておられない。また，たとえ原告のそのような便宜さを重視するという立場に立脚したとしても，その便宜さが問題とならない事案についてはやはり内国後訴を規制すべきであるということになるのではなかろうか。換言すれば，そのような立場は必ずしも，一律的に内国後訴を維持すべきであるという結論には直結しないのではなかろうか。

11)　関西鉄工事件に関する昭和 52 年 12 月 22 日大阪地裁判決（判例タイムズ 361 号 127 頁）も，「訴の提起，判決の言渡，確定の前後に関係なく，既に日本裁判所の確定判決がある場合に，それと同一当事者間で，同一事実について矛盾抵触する外国判決を承認することは」民訴法 200 条 3 号の「公序」に反するという態度を示している。

　因みに，渡辺・前掲 493 頁によると，「関西鉄工事件の執行判決請求判例は」「内国訴訟が係属中に先に外国判決が確定した場合でも理由の如何を問わず承認が拒絶されるとする」が，「民訴法 200 条の規定する法律による自動的承認制度は内国判決や内国訴訟のアプリオリな優越という思想を排除し，内外判決の平等を前提とする制度である」ので，「内国訴訟が係属中に先に外国判決が確定した場合でも理由の如何を問わず承認が拒絶されるとする」のは「200 条のとる基本的前提と矛盾し，現行法の解釈としては取り得ないであろう」とする。そして同 492 頁は，「法律による自動的承認制度の下では先に判決確定に至った訴訟が優先する結果となる」と述べる。しかし，その点について考えてみるに，「関西鉄工事件の執行判決請求判例」の立場からすれば，民訴法 200 条そのものは 3 号の公序要件を通じて，内国の確定判決があるかぎりそれよりも先に確定した外国確定判決であっても承認しない規定であり，その意味で渡辺教授のいう意味での「内外判決の平等」を前提としていない，ということになるのではなかろうか。そうとすると，「規制消極説の立場からは民訴法 200 条の原則通りに先確定訴訟の優先を原則とする以外ないであろう」という渡辺・493 頁の論述は，「関西鉄工事件の執行判決請求判例」の条文理解とは

12) 道垣内＝早川・前掲 253-254 頁。
13) 同じことは矢吹徹雄「国際的な重複訴訟に関する一考察」北大法学論集 31 巻 3・4 号 271 頁以下、澤木敬郎「国際的訴訟競合」『新・実務民事訴訟講座(7)』105 頁以下についてもあてはまる。

なお、道垣内・前掲 62 頁は、旧民訴法 231 条との関係については、「同条の枠組みから離れ」「自由な視野」のもとに国際的訴訟競合の問題に対処するという方向性を示す。もっとも、同 68 頁も参照。また、澤木・前掲 116 頁は、旧民訴法 231 条につき、「本条の準用というか条理というかは別として、国際関係においても二重起訴の禁止の法理を認むべきだ」とする。しかし、類推か条理かは法解釈の方法という観点からして重要な問題ではなかろうか。承認予測説の先駆的な業績である海老沢美広「外国裁判所における訴訟係属と二重起訴の禁止」青山法学論集 8 巻 4 号 29 頁は、「もし 231 条の適用がゆるされないのなら、その準用ないし解釈による法の補充がみとめられるべきであろう」とする。

14) 道垣内＝早川・前掲 253 頁。
15) 同 253 頁。

道垣内・前掲 62 頁も、「国際的訴訟競合を放置することの実際上の弊害」として、「濫訴を許すことになること、訴訟経済に反すること、矛盾した判決言渡しにより跛行的法律関係が発生すること」が「的確に」指摘されているとする。

16) 海老沢・前掲 2 頁。
17) 同 22 頁。
18) 同 23 頁。
19) 加藤新平『法哲学概論』275 頁。
20) 碧海純一『新版法哲学概論』196 頁。
21) 広中・前掲 91 頁。
22) 判例時報 1348 号 91 頁。
23) この判決は承認予測説を採用したものとして捉えられうる。小林秀之・渉外判例百選〔第 3 版〕239 頁も、「本件では一般論としては承認可能性予測説に立ちながらも、具体的な結論としては承認可能性の予測が困難であるとして規制を認め」なかった、と述べる。
24) 昭和 62 年 6 月 23 日の東京地裁中間判決（判例時報 1240 号 27 頁）の言葉である。
25) 瀬木比呂志・判例タイムズ 735 号 348 頁は、海老沢教授、澤木教授及び道垣内教授の文献をあげつつ承認予測説を「民訴法 231 条を類推するというもの」として捉える。石川＝小島編『国際民事訴訟法』76 頁（山城教授執筆）も同様である。
26) 道垣内＝早川・前掲 254 頁。

また、渡辺・前掲 495 頁も、「承認予測は、ドイツのように、ほぼ確実に承認さ

れないことが確認できない限りは承認されるものと予測するいわゆる積極的承認予測によるならば，判断それ自体が困難というわけではない」と述べる。

　なお，外国判決の承認予測の詳細については道垣内・前掲93頁以下を参照。
27) 矢吹・前掲286頁。
28) 道垣内＝早川・前掲254頁。

　なお，渡邊・前掲483頁は，「確かに，外国訴訟がわが国の承認要件を満たす判決に至らなかった場合にも再度の訴提起を要しない等の点で，却下と中止とでは違いがあるが，外国訴訟の帰結が明らかになるまでは手続遅延を余儀なくさせられる点では変らないのであり，当事者にとってはいわば程度の差に過ぎず，実際には気休めに近い議論のように思われる」と述べる。
29) 小林・前掲239頁。

　他方，出口耕自・平成元年重要判例解説（ジュリスト957号）273頁は，「国際民事訴訟法については，成文規定が大幅に欠缺しており，条理による補充が常に予定されているといっても過言ではな」いので，「訴訟手続の中止という方法が必要かつ相当であるのならば，成文規定がないことはさほど問題にすべきではないと思われる」とする。

　なお，国内的二重起訴について中止を認める可能性については住吉博「重複訴訟禁止原則の再構成」法学新報77巻4・5・6号95頁以下を参照。
30) 石黒一憲『国際民事訴訟法』271頁。
31) 石黒「外国における訴訟係属の国内的効果」『国際民事訴訟法の理論』361頁。
32) 同364頁。
33) 同332頁。
34) 同326頁。
35) 同333頁。
36) 同328頁。
37) 石黒『国際民事訴訟法』261-262頁。
38) 同266頁。
39) 同271-272頁。
40) 同286，277頁。
41) 石黒・前掲（注31）339頁以下。
42) 石黒『国際民事訴訟法』276頁。
43) 石黒・前掲（注31）364頁。
44) 例えば同361頁以下，石黒『国際民事訴訟法』270頁以下を参照。
45) 石黒『国際私法の解釈論的構造』284頁。
46) 同285頁。更に石黒『国際私法〔新版〕』251頁も参照。
47) 同286頁。

48) 同287頁。
49) 石川明＝小島武司編『国際民事訴訟法』79頁（山城教授執筆）が同様な理解を示しているものと思われる。それは次のように述べる。「承認予測説が外国判決の承認可能性があれば内国訴訟をいっさい不適法とするのに対し，この説〔比較衡量説〕では承認可能性のほかに，国際裁判管轄配分上の理念に照らして外国とわが国のいずれがより適切な法廷地であるかをも加えた多様なファクターを考慮してわが国の国際裁判管轄を判断するものである」。

　なお，古田啓昌『国際訴訟競合』81頁は，基本的に石黒教授の比較衡量説を採用するにあたり，「利益衡量に際しては，外国判決の承認可能性も考慮されることになる」としている。
50) 判例時報1240号27頁。
51) 石黒教授とほぼ同様な思考方法のもとに国際裁判管轄の枠内において内国後訴の規制の可能性を認める松岡博・法学教室86号107頁も，規制の際の要件の一つとして「前訴係属国」「の判決が我が国で承認されることが予想され」ることをあげている点に注意すべきであろう。

　更に，小林『国際取引紛争［新版］』81頁は「比較衡量説でも，外国判決の承認可能性は要件として必要なはずであ」る，とみなす。また，小林『判例講義　民事訴訟法』56頁（中野教授執筆）も，「承認予測が十分成り立つ場合には，利益衡量的手法においても，これを考慮することが可能かつ必要というべきであり，その意味において，両者は適切な形で補完し合うべき関係にあるといえよう」と述べる。それらにおいては，国際的二重起訴の問題につき石黒説のような利益衡量的な仕方で解決していく場合においても承認可能性予測を要件の一つとすべき旨が説かれているように思われる。そのような方向性は，つとに不破茂「国際的訴訟競合の規律」愛媛法学会雑誌17巻1号151頁においても示されている。
52) 石黒『現代国際私法上』624頁。

　また石黒『国際民事訴訟法』278頁も，「国際的訴訟競合状態が判明した段階で，内外いずれの地が当該事案を処理するのに客観的に見て適切な法廷地（proper forum）かを決し，内国での訴を維持すべきだとの判断に至っていたならば，そのような判断（その限りでは民訴200条1号における判断である）を承認・執行段階でも維持し，むしろ1号要件により承認拒絶すべきである（承認管轄の動態的把握…）」と述べる。

　そのような論述からすると，内国後訴を維持すべきであるという石黒教授の判断は，民訴法200条1号（現行民訴法118条1号）の承認管轄要件が満たされていない旨の判断でもある，ということが理解される。そのことは，石黒教授の意図する法政策は承認予測説においても民訴法200条1号の承認管轄の操作によって実現可能であることを示唆するのではなかろうか。

53) 石黒『現代国際私法上』541, 542頁及び石黒『国際民事訴訟法』220頁を参照。
54) 石黒『現代国際私法上』265頁。
55) 同327頁。
56) 同326頁。
57) 同329頁。
58) 広中『民法綱要第1巻総論上』62-63頁を参照。
59) 石黒『現代国際私法上』314頁。
60) なお, 渡辺教授は石黒説につき「国際裁判管轄概念との体系上の不整合」(渡辺・前掲505頁) を指摘される。つまり,「事件と法廷地の…場所的関連性自体は肯定され従って国際裁判管轄の存在は肯定されるのに, 外国における訴訟係属を考慮し管轄を否定するという構成は, 既に場所的連結の適否とは異なった要素を取り込むことにな」り,「これは管轄の存否判断の問題というよりそれに基づく裁判権の行使の適否の問題というべきであり, 訴訟要件としての性質が本質的に異なる」(同409頁), と。
61) 学説としては平塚真・昭和59年度重要判例解説290頁, 早川・ジュリスト1007号170頁, 古田・前掲77頁など。更に, 石黒『国際民事訴訟法』265頁も参照。裁判例としては, 平成3年1月29日東京地裁判決 (判例時報1390号98頁)。また, 小林『判例講義 民事訴訟法』56頁 (中野教授執筆) は昭和59年2月15日東京地裁判決 (判例時報1135号70頁), 平成3年7月15日静岡地裁浜松支部判決 (判例時報1401号98頁) を「ほぼ同旨」のものとしてあげている。
62) 判例時報1113号26頁。

そこでの議論の構造はこうである。つまり, 国際裁判管轄に関する法の欠缺は「当事者の公平, 裁判の適正・迅速を期するという理念」により「条理」に従って補充すべきであるが, その「条理」に適うのは, 民訴法の土地管轄規定の定める裁判籍のいずれかが日本にあるときには日本の国際裁判管轄を認めるが, 例外的に「特段の事情」のあるときにはそれを認めない, という準則である, と。そのような構造のもとでは,「特段の事情」も, 当事者の公平, 裁判の適正・迅速を期するという民事訴訟法の基本理念に「著しく」反する結果をもたらすものということになるのも理解できる。

また, 昭和61年5月20日東京地裁判決 (判例時報1196号87頁) も同様に次のような一般論を展開する。つまり, 法の欠缺を「当事者間の公平, 裁判の適正・迅速を期するという理念」により「条理」に従って補充すべきであり, その「条理」に適うのは, 民訴法の土地管轄規定の定める裁判籍のいずれかが日本にあるときには日本の国際裁判管轄を認めるが, 例外的に「特段の事情」があるときにはそれを認めない, という準則である, と。そして,「当事者間の公平, 裁判の適正・迅速を期するという理念に反する結果となるような特段の事情があるか否か」を検討す

る。そこでは，昭和59年3月27日の東京地裁中間判決とは異なり，「著しく」反する結果という文言が使用されていないが，具体的に特段の事情があると認定するときに，「わが国の裁判所が証拠に基づく適正な裁判を行うことは著しく困難である」こと，及び「台湾において…訴えを提起せざるをえないとしても格別当事者間の公平という理念に反する点は見出せない」ことを指摘している。したがってそこでも，「当事者間の公平，裁判の適正・迅速を期するという理念」からみて「著しい」又は「格別」な問題があるかどうかが問われているのである。もしそうではなく，問題となる事案について「当事者間の公平，裁判の適正・迅速を期するという理念」からして外国裁判所の方が日本の裁判所よりも少しでも適切と思われるときには，民訴法の土地管轄規定の実質的類推から得られるわが国の原則的な国際裁判管轄を否定すべきであるとするならば，実質的には「当事者間の公平，裁判の適正・迅速を期するという理念」たる「条理」という規準だけで十分ということになってしまおう。換言すれば，「当事者間の公平，裁判の適正，迅速を期するという理念」たる「条理」からしてわが国が適切な訴訟地であるという一般条項こそが真の準則——したがってその一般条項のもとでの利益衡量のみが事案の解決にとって決定的——であり，民訴法の土地管轄規定の実質的類推からえられる原則的準則は単なる参考資料にすぎず，実質的には不要なものとなってしまおう。その意味で，上記の立場は国際裁判管轄に関するいわゆる利益衡量説（昭和54年3月20日東京地裁中間判決判例時報925号78頁，小杉丈夫＝辰野守彦「承認条件としての管轄権」国際私法の争点162-163頁）と実質的には同じであるといわれうる。因みに，平成9年11月11日の最高裁判決（民集51巻10号4055頁）は「我が国の民訴法の規定する裁判籍のいずれかが我が国内にあるときは，原則として，我が国の裁判所に提起された訴訟事件につき，被告を我が国の裁判権に服させるのが相当であるが，我が国で裁判を行うことが当事者間の公平，裁判の適正・迅速を期するという理念に反する特段の事情があると認められる場合には，我が国の国際裁判管轄を否定すべきである」と述べ，「特段の事情」論を，我が国の民訴法の土地管轄規定の定める裁判籍のいずれかがわが国内にあるときには国際裁判管轄を認めるという「原則」に対する例外として位置づけているのである。もっとも同判決が特段の事情の法理をそのような建前どおりに運用したかどうかは別問題である。同判決が実際に特段の事情として考慮したものについては批判がある。道垣内・ジュリスト1133号213頁，中野・法学教室213号124頁，海老沢・平成9年度重要判例解説289頁，安達栄司・NBL662号70頁，野村美明・私法判例リマークス1999年上163頁を参照。

63) 石黒『現代国際私法上』322頁。
64) その際には，石黒教授のように，承認管轄の規準を内国訴訟存在の場合とそうでない場合に分けて，前者の場合にのみ外国が「より適切な訴訟地」であることという規準にするという仕方と，そのような区別をしないで承認管轄の規準をすべて外

国が「より適切な訴訟地」であることにするという仕方がありうる。
65) 石黒『現代国際私法上』541頁は「筆者…〔は〕，承認管轄の動態的把握を主張し，審理管轄との厳格な一致は要求すべきでないと考えて来た」と述べ，また，同542頁は「審理管轄の決定基準がこれこれだからとして，論理的・機械的に承認管轄を決するが如き考え方は明確に排除すべきことをここであらためて強調しておきたい」と述べている。
66) 斎藤秀夫〔ほか〕『注解民事訴訟法（第2版）(5)』（山本和彦教授執筆）466-467頁。
67) 渡辺・前掲512頁。
68) 同505頁。
69) 同498頁。
70) 同505頁。
71) 同506頁。
72) 同505-506頁。
73) 同506-509頁。
74) 同507頁。
75) 同508頁。
76) 同509頁。

　　もっとも，そのような場合に外国判決を承認しないとすると，それは民訴法118条のどの要件との関連で説明するのであろうか，あるいは同条の枠外で説明するのであろうか。
77) 兼子（松浦＝新堂＝竹下）・前掲849頁（竹下教授執筆）。
78) 石黒『現代国際私法上』542頁。
79) 不破・前掲149頁も，「裁判管轄説〔石黒説〕は『より適切な』法廷地を問題にするが，これは当該国の間接管轄を審査する際，その国がわが国よりも法廷地として適切であることまでも要求することによって，承認予測説の枠内でも可能であろう」と述べる。

　　因みに，同158頁は「条理による構成を目指すが，できるだけ民訴231条の場合に即した体裁を整え」るという基本的立場を示す。そして同151-152頁は，承認予測が成り立つ場合に「二重起訴禁止の法理を援用する余地が生まれる」としつつも，承認予測が成立するだけでは不十分であるとして，「更に進んで，当事者の公平，法廷地としての適切性の観点から，わが国訴訟を規制すべきか否かを検討しなければなら」ないとする。そこでは，承認予測の際における民訴法118条の要件（特に承認管轄要件）からのチェックとは別個のものとして，「当事者の公平，法廷地としての適切性の観点」からのチェックが考えられているように思われる。しかし，そのような「当事者の公平，法廷地としての適切性の観点」は本来的には民訴法

118 条の要件（特に承認管轄要件）の枠内に位置づけられるべきものではなかろうか。換言すれば，そのような見解は承認管轄要件の再構成——国際的二重起訴の場合に固有な承認管轄の要件——を目指すという方向のものとして捉えられるべきではなかろうか。同じような観点を採用していたと思われる石黒教授はまさしく，内国が適切な法廷地であるとして「内国での訴えを維持すべきであるとの判断」に至る場合には，そのような判断を「その限りでは民訴 200 条 1 号における判断である」（石黒『国際民事訴訟法』278 頁）とされていたのである。

80) 道垣内＝早川・前掲 254 頁。

また，道垣内・前掲 64 頁は，石黒教授の見解を英米法的処理に近い処理方法の採用を主張する見解として捉えたうえで，「わが国の民事訴訟法はドイツ法を母法としており，裁判官に英米におけるほど広い裁量権を与えていない」ので，「国際的訴訟競合についてだけ英米法の処理をわが国に導入することの妥当性には疑問がある」とする。

81) 例えば，東京地裁昭和 59 年 3 月 27 日中間判決（判例時報 1113 号 26 頁）を参照。

特段の事情の法理をそのように理解しないで，「当事者の公平，裁判の適正，迅速を期するという民事訴訟の基本理念」に照らして少しでも外国の方が適切な訴訟地であるときに，わが国の国際裁判管轄を否定するための制度として捉えるならば，もはや例外的な制度ではなくなり，民訴法の土地管轄規定の実質的類推により得られる準則も単なる参考資料程度の意味しかもたなくなろう。その点については，注 62) を参照。

82) 特段の事情の法理は民訴法 17 条（旧 31 条）の類推から導出されるべきであるという点については，多喜寛『国際私法の基本的課題』148 頁以下を参照。

因みに，民訴法 17 条は，証拠調べの点では「訴訟の著しい遅滞を避け」るとなっており旧民訴法 31 条と同じであるが，当事者間の公平の点では著しい損害を避けるという表現を「当事者間の衡平を図る」というように代えることにより，多少柔軟な判断を可能ならしめるものとなっている。

第3章
国際開発金融機関の貸付協定の「準拠法」条項について
―― 世界銀行型から欧州復興開発銀行型へ ――

1 はじめに

　世界銀行（以下にはIBRDと略記する）は発展途上国の開発のための資金援助を主要な業務としている。その際には，加盟国に直接に融資する場合と，加盟国の地方自治体や公企業や民間企業に融資する場合がある。いずれの場合にも貸付協定が結ばれるが，後者の場合には更に一般に加盟国との間に保証協定も結ばれる。欧州復興開発銀行（以下にはEBRDと略記する）は中欧及び東欧の諸国における市場指向型経済への移行並びに民間及び企業家の自発的活動を促進するための資金援助を主要な業務としている。その際には，民間部門への融資と公的部門（国，地方自治体，公企業）への融資があるが，公的部門への融資は当該国の融資全体の40％を超えてはならない。いずれの場合にも貸付協定が結ばれるが，国家以外の法主体（例えば公企業）への融資の場合には加盟国との間に保証協定も結ばれる。これらの国際開発金融機関が加盟国や公企業などと結ぶ貸付協定・保証協定について紛争が発生した場合に，それはどのような仕方で処理されるべきなのであろうか。この問題については当該分野の実務の基礎をなす標準条項が興味深い展開をみせている。本章の目的はそれを分析することにある。

2 IBRD の標準条項

IBRD は貸付協定や保証協定に関して標準条項を作成している。1985 年 1 月 1 日の International Bank for Reconstruction and Development, General Conditions Applicable to Loan and Guarantee Agreements（以下には General Conditions と略記する）である。以下には紛争解決方法と規準との観点からして重要と思われるものをみてみよう。

(1) General Conditions の Section 10.01

Section 10.01 は次のように定めている。

The rights and obligations of the Bank, the Borrower and the Guarantor under the Loan Agreement and the Guarantee Agreement shall be valid and enforceable in accordance with their terms notwithstanding the law of any State or political subdivision thereof to the contrary.

そこでは，貸付協定及び保証協定のもとでの銀行，借入人及び保証人の権利義務は，いかなる国又はその行政区画の反対の趣旨の法令にもかかわらず，当該協定の条項に従って有効且つ強制可能とする，と規定されている。この定式は IBRD が最初の貸付業務を始めようとした 1947 年に起草されたようである[1]。そしてそれは 1956 年 6 月 15 日の International Bank for Reconstruction and Development, Loan Regulations No. 3（加盟国への貸付に適用されるべきもの）の Section 7.01 及び International Bank for Reconstruction and Development, Loan Regulations No. 4（加盟国によって保証される貸付に適用されるべきもの）の Section 7.01 として成立し，その後，実質的には変更を受けずに今日の Section 10.01 の内容となっているのである。そうとすると，上記の条項の意義を探るにあたっては，1956 年 6 月 15 日の International Bank for Reconstruction and Development, Loan Regulations（以下には Loan Regulations と略記する）の Section 7.01 に関する論議が参考となろう。幸いにそれに関しては，当時 IBRD の General Counsel であった Broches が 1959 年に彼の見解を示しているので，それをみてみよう。彼の見解はおよそ次のようである。

まず，IBRD と加盟国との間の貸付協定及び保証協定についてである。それについては上記のように Loan Regulations No. 3 の Section 7.01 がある。Broches によると，IBRD は国際法主体であり，条約締結能力を有し，その能力の行使により貸付協定及び保証協定を締結できる。そうとすると，IBRD と加盟国との間の貸付協定及び保証協定は国際法主体間の協定ということになり，当然に国際法によって規律されるということになるように思われる。ところが彼は「加盟国との間の IBRD の貸付協定及び保証協定は実際に国際法によって支配される（governed by international law）国際協定であるのかどうかという問題」に取り組む。彼によると，国際法主体は彼らの間の関係において国際法のもとで権利義務を創設することができるが，そうしなくてもよいのであり，「彼らはもし望むならば彼らの協定を国内法に服させる（subject）ことができる」。その結果，彼は国際法主体間の協定について，「直接的に（immediately）国際法によって支配される」ものと，直接的には国内法によって支配され「最終的に（in the last resort）のみ国際法によって支配される」ものを区別する。そして，彼は，「条約」と「国際協定」という用語のなかに，「国際法主体の協定すべて」を含ませることも，「すべて又はほとんどすべての点で直接に国際法によって支配される国際法主体間の協定」のみを含ませることもひとしく正当化できるとする。彼によると，前者の立場は，「国際法主体間の協定はすべて最終的には国際法によって支配されている」という特徴に着目するが，後者の立場は，「直接的に国際法によって支配される協定」と「最終的にのみ国際法によって支配される協定」との間には重要な差異があるという点に着目する。いずれの定義を採用するかは，与えられたコンテクストに照らして判断されるべきである。条約法の法典化にあたっては，「直接的に国際法によって支配される協定」と「最終的にのみ国際法によって支配される協定」との

間の相違は現実の関連性を有する。条約の構成と締結,有効性,解釈及び終了という事項を取り扱うことを考えると,「私的商業的なタイプの協定」を除外する定義が明らかに有用であろう。そして,登録や公表を定める国連憲章102条の「国際協定」という用語の解釈においても,「直接的にというよりもむしろ最終的にのみ国際法によって支配される協定」を除外することが正当化される[2]。このような前提に立脚するからこそ,彼は「銀行と加盟国との間の貸付協定及び保証協定の法的性格」を問うのである。つまり,当該協定は国際法によって支配されるものなのか,それとも国内法によって支配されるものなのか,と。その点については,彼は,当該協定は私人間の貸付協定や保証協定のなかに見受けられる条項を多く含んではいるが,私人間の協定が扱わないような事項に関する条項も含んでいるという理由から,「IBRDの協定の条項は全体としてみれば,当該協定が国際法よりもむしろ国内法の領域に属する (belong to the sphere of municipal rather than international law) という推論を,暗黙裡に否定する」とみなす。そして彼は「そのような推論を明示的に否定する特別な条項」としてLoan Regulations No. 3のSection 7.01——それはIBRDの貸付協定のなかにつねに含まれている——をあげる。彼によると,同条の定式は,その起草当時においては国際組織の法的性質や法的能力に関して今日ほどには一致がなかったという不確実性を反映して,当事者の権利義務が国際法によって支配されるとか国際的権利義務であるという表現を回避している。その代わりに,それは,当事者の権利義務が協定の条項に従って有効且つ強制可能であり,国内法によって影響されないと述べている。この多少異例で消極的な定式にもかかわらず,「Section 7.01は協定を単に非国家化するのではなく,すべての点で国際法に服させるという効果をもつ」。国際法主体間の協定であって明示的に国内法の適用を排除するものはすべて国際法によって支配されると考えられる[3]。その結果として,彼は,「IBRDの加盟国との貸付協定及び保証協定は……国際法によって支配されるものとして意図されており,且つ支配されている」ので,国連憲章102条の「国際協定」に該当するものとして事務局に登録されているとみなす[4]。

このような Broches の議論については若干の検討すべき点が見出される。まず，国際法主体間の協定はすべて「最終的には国際法によって支配される」が，当事者は「もし望むならば」それを「直接的に」国際法ではなく国内法によって支配される協定にすることもできる，という論述である。それは具体的に何を意味するものなのであろうか。それは，「直接的に」国内法によって支配されることを望む当事者の意思に効力を認める国際法上の準則がある，ということを前提としているが，その準則は牴触規則としての当事者自治の原則なのであろうか，それとも実質規則としての pacta sunt servanda の原則なのであろうか。もしそれが国際法上の牴触規則ならば，国際法主体間の協定についてはつねにそれによって準拠法が決められるべきことになり，準拠法の強行規定の許す範囲内においてのみ pacta sunt servanda の原則が認められることになる。しかしそのような見解はこれまで唱えられたことがないように思われる。そうとすると，彼の上記の議論においては国際法上の実質規則としての pacta sunt servanda の原則が前提とされているということになろう。その観点からすると，当事者の意思に基づき「直接的に」特定の国内法によって支配されるものとみなされる国際法主体間の協定であっても，その場合の特定の国内法は準拠法そのものではなく当事者間の合意の一内容にすぎないもの（いわゆる牴触法上の指定ではなく実質法上の指定）とみなされることになる。このようにみてくると，国際法主体間の協定を，「直接的に」国際法によって支配される協定と国内法によって支配される協定に分けるという彼の議論については次の点が注意されるべきであろう。つまり，いずれも国際法上の pacta sunt servanda の原則に基づく協定であって，両者の違いは当事者があえて特定の国内法の内容を当事者間の合意のなかに採用するか否かという点にあり，準拠法が特定の国内法であるか国際法であるのかという点にあるのではない，と。換言すれば，両者の相違は本質的なものではなく，国際法上の pacta sunt servanda の原則を前提とした当事者の合意の内容に関するものであるということになろう。そうとすれば，IBRD が加盟国との間で締結する貸付協定や保証協定に関する紛争解決の際には，準拠法を問う必要はなく，国際法上の

pacta sunt servanda の原則，ひいてはそれに基づいて効力が認められる当該協定の条項（例えば標準条項）を適用すればよいということになろう。その場合における当該協定の条項の解釈や補充が問題となれば，当事者があえて特定の国内法を協定の一部として採用している（実質法上の指定）ということがないかぎり，国際協定に関する国際法上の準則が適用されるということになろう[5]。このようにみてくると，Broches の見地からすれば，Loan Regulations No. 3 の Section 7.01 ——彼は「The rights and obligations . . . shall be valid and enforceable in accordance with their terms」という文言のなかに「pacta sunt servanda の反映及び当該協定の自治的性格の声明」を見出す[6]——は，まさしく国際法上の「pacta sunt servanda」の原則を前提としたもの又はその原則の具体的発現にすぎないということになろう。次に，彼における用語の問題を一つ指摘しておこう。それは，彼が国連憲章 102 条の「国際協定」を狭く解する際に，「国際法によって直接的にというよりもむしろ最終的に支配されるにすぎない協定」という文言を使用している，ということに関係する。彼がその際に考えているのは，国際法主体間の協定はすべて「最終的に」国際法によって「支配される」が，そのなかでも「直接的に」国際法によって支配されるものとそうでないもの——「直接的に」国内法によって支配されるもの——がある，ということである。そのいわんとするところは先に述べたような点にあると思われるが，問題は，ある法によって「支配される」のが「最終的に」であるか「直接的に」であるかという表現がそれにふさわしいかどうかである。国家契約（経済開発協定）の分野でも類似の問題が論議されている[7]。つまり，「契約を支配する法」と「契約の拘束性の由来する法秩序」の区別である。それによると，当事者に「契約を支配する法」の選択を認める準則が国際法上のものではない——「契約の拘束性の由来する法秩序」が国際法でない——ときには，たとえ当事者が「契約を支配する法」として国際法を選択し，それによって契約違反とみなされる場合でも，国際法違反即ち国際責任は発生しない。反対に，「契約を支配する法」の選択を認める準則が国際法上のものである——「契約の拘束性の由来する法秩序」が国際法である——ときには，たとえ

当事者が「契約を支配する法」として特定の国内法を選択し，それによって契約違反とみなされる場合であっても，国際法違反即ち国際責任は発生することになる。そこにおいては，当事者間の合意の違反が最終的に国際法違反として国際責任を発生させるものであるかどうか，という点が重視されているのである。そしてそのような区別からすると，Broches における上記の二つの類型の協定はいずれも――「最終的に」国際法によって支配されるものとされているので――「契約の拘束性の由来する法秩序」を国際法秩序とするものであり，その意味において国際法上の協定であるということになろう。

　次に，IBRD と加盟国内の地方自治体や公企業や民間企業との間の貸付協定についてである。それについては上記のように Loan Regulations No. 4 の Section 7.01 がある。その文言は Loan Regulations No. 3 の Section 7.01 とほとんど同じなので，Broches の見地からすればその条項は「pacta sunt servanda の反映及び当該協定の自治的性格の声明」ということになろう。しかし，上記のような貸付協定は，IBRD と加盟国との間の貸付協定と性格を異にする。その点について Broches は次のように述べている。つまり，加盟国内の借入人は国家ではなく，国際法主体でもない。したがって，IBRD と借入人との間の貸付協定は，国際法主体と国内法主体との間の協定であるので，「国際法によって支配される国際協定」ではない。それではいかにしてそのような協定の条項が国内法の牴触する規定に優越しうるのか。当該貸付協定は銀行と加盟国との間の国際的レベルでの取引における一つの重要な要素を構成し，国際的性格を帯びているのであり，そのことが，貸付協定を国内法の効果から隔離するという範囲で「貸付協定の国際化」を正当化する。もっともそのことは，当該貸付協定自身が国際協定となり且つ国際法によって支配されるということと同じではない[8]，と。そのような彼の議論からは，Loan Regulations No. 4 の Section 7.01 において前提とされている「pacta sunt servanda」の原則は国際法上のものではないということが引き出されうる。それでは当該原則はいかなる法的性質を有するものなのであろうか。その点についての答えは彼の論述からは引き出せないようである。彼はただ，IBRD と借入人との間の貸付協定は「国

際協定」ではないのでそれ自体としては国連事務局には登録されず，IBRDと加盟国との間の保証協定の付属書類として公にされる旨のみを付言する[9]。上記の問題との関連では，Loan Regulations No. 4 の Section 7.01 の文言に注意したい。それはまさしく，国際法主体たる国家と非国際法主体たる外国私人との間の国家契約に関して Verdross などによって提唱されている lex contractus の理論[10]——それは国家の公益のための強行的立法にも優先するような，広範囲の pacta sunt servanda の原則を中核的な内容とする——を想起させるようなものである。むしろ，Section 7.01 の文言はあたかもその理論を国際法主体たる IBRD と国内法主体との間の貸付協定に適用したかのようなものになっている，といえるのではなかろうか。

　以上，現行の General Conditions の Section 10.01 の前身である Loan Regulations No. 3 及び No. 4 の Section 7.01 について，Broches の説明を中心に検討してみた。彼の説明は IBRD の貸付協定の法的性質に関する「伝統的な見解」を示すものとみなされている[11]。その見解に基づいて General Conditions の Section 10.01 を説明すると次のようになろう。つまり，当該条項は，国際法の規律対象となっている IBRD と加盟国との間の貸付協定や保証協定のみならず，国際法の規律対象になっていない IBRD と借入人との間の貸付協定についても適用されるべきものとして作成されている。そして当該条項はその内容において，貸付協定や保証協定のもとでの当事者間の権利義務は，いかなる国又はその行政区画の法令とも無関係に，当該協定の条項に従って有効且つ強制可能である，という「pacta sunt servanda の反映」という形になっている，と。そこではいかなる特定の法体系も積極的に指定されておらず，それ故に，General Conditions の Section 10.01 は「明らかに典型的な準拠法条項ではない」[12]とみなされている。もっとも，IBRD と加盟国との間の貸付協定や保証協定の場合には国際法上の pacta sunt servanda の原則が妥当するので準拠法を指定する必要はないということ，また，IBRD と借入人との間の貸付協定の場合には牴触法的アプローチではなく pacta sunt servanda の原則を中心的な内容とする lex contractus の理論のような実質法的アプローチも可能であるこ

とに注意すべきであろう。

（2） General Conditions の Section 10.04

　Section 10.04 は，その(a)において，貸付協定又は保証協定の当事者間の紛争は同条の定める仲裁裁判所による仲裁に付託するものとする，と定める。そして，その(c)から(j)までにおいて，仲裁人の選定や仲裁手続や仲裁判断などについて詳細に定めるが，「Section 10.04 は仲裁法廷によって適用されるべき準拠法に関する条項を含んでいない」[13]とみなされている。また，Section 10.04 の前身たる Loan Regulations の Section 7.03 についても，1964 年に Scott は次のように指摘していた。つまり，Loan Regulations の Section 7.03 は貸付協定などの当事者間の紛争を仲裁に付託すべき旨を定め，仲裁人の選定，仲裁手続及び仲裁判断について詳細な規定を含んでいるが，「仲裁判断を下すにあたり仲裁人を指導すべき規準又は示唆」を含んでいない。おそらく，仲裁人は，国際司法裁判所と同様に，国際慣習と文明諸国によって認められた法の一般原則に頼るであろう[14]，と。もっとも，General Conditions の Section 10.04 が「準拠法に関する条項」を含む必要があるかどうかは，牴触法的アプローチを採用するか否かによる。広い射程距離を有する pacta sunt servanda の原則を中核とする lex contractus の理論のような実質法的アプローチを採用するかぎり，「準拠法に関する条項」は不要ということになり，その場合には，当事者間の合意内容が「仲裁人を指導すべき規準」ということになろう。その点に関して注意すべきは，先に述べたように，General Conditions の Section 10.01 の文言がまさにそのような考えを前提としたようなものとなっているということであろう。

3　EBRD の標準条項

　上記のように，IBRD の標準条項たる General Conditions の Section 10.01 は，IBRD と加盟国との間の（国際法主体間の）貸付協定や保証協定，及び IBRD

と借入人との間の（国際法主体と国内法主体との間の）貸付協定について，適用されるべき具体的な法を積極的に明示することなく，当事者の権利義務の有効性や強行可能性を——いかなる国内法とも無関係に——もっぱら当該協定の条項それ自体によらしめるような内容となっている。そこで1982年にDelaumeは，Section 10.01 のそのような消極的な定式は明らかに「不恰好」であると指摘しつつ，次のように論じた。つまり，基本的な問題にこのような臆病な仕方でアプローチするよりもむしろ躊躇せずに積極的に，IBRD の貸付協定や保証協定は加盟国との間で締結されようとされるまいとつねに国際法に服する，と定める方がよい。Section 10.01 をそのように定式化し直すことは最近の法的思考の傾向と一致するし，現行の曖昧さを取り除くことになる[15]，と。その際に彼が法的思考の最近の傾向という言葉のもとで念頭においているのは，次のごとくである。つまり，国際法主体と国内法主体との間の協定が国際法によって支配されうるという考えは，今や大きく前進して，国家と他国民との間の投資紛争の解決に関する条約（ICSID 条約）の42条において明示的に認められた。同条は投資協定の当事者に，及び当事者の準拠法選択のない場合には仲裁人に，投資関係の準拠法として《国際法の準則》を参照する権利を明確に与えている。同条において定式化された準則は確かに外国投資関係に限定されているが，広範囲に適用される原則を例証するものとみなされる[16]，と。General Conditions の Section 10.01 に対するそのような Delaume の批判と提案を背景にして，やがて，加盟国との間の貸付協定のみならず，加盟国の地方自治体や公企業との間の貸付協定についても国際法を適用すべきである旨を明言する国際開発金融機関の標準条項が現れるに至った。EBRD の標準条項である。

　EBRD は公的部門（public sector）のための貸付協定や保証協定に関して標準条項を作成している。1994年4月の European Bank for Reconstruction and Development, Standard Terms and Conditions（以下には STC と略記する）である。以下には紛争解決方法と規準との観点からして重要と思われるものをみてみよう。

（1） STC の Section 8.01

Section 8.01 は次のように定めている。

The rights and obligations of the parties to the Loan Agreement and the Guarantee Agreement shall be valid and enforceable in accordance with their terms notwithstanding any local law to the contrary. No party to either such agreement shall be entitled under any circumstances to assert any claim that any provision of either such agreement is invalid or unenforceable for any reason.

そこでは，貸付協定及び保証協定の当事者の権利義務は反対の趣旨のいかなる地方法にもかかわらず当該協定の条項に従って有効且つ強制可能とする，と規定されている。そして，当該協定の当事者は，いかなる事情のもとでも，何かの理由から当該協定の条項が無効又は強制不能であると請求する権利を有しないものとする，と定められている。そこでの第一文の定式は IBRD の General Conditions の Section 10.01 のそれに酷似しているといえよう。Broches の言葉を借りれば，そこに「pacta sunt servanda の反映」が見出されるということになろう。その pacta sunt servanda の原則は EBRD と加盟国との間の貸付協定の場合には国際法上のものということになろうが，地方自治体や公企業との間の貸付協定の場合にはいかなる法的性質のものなのであろうか。その問題に関係すると思われるのが Section 8.04 (b) (v) である。

（2） STC の Section 8.04

Section 8.04 は，仲裁手続の前に当事者に友好的な紛争解決に向けての努力を要請している点，仲裁が必要な場合にはそれが 1976 年の UNCITRAL 仲裁規則に従ってなされるべき旨を定めている点，それとの関連で仲裁人の数や仲裁地や使用言語について特別の定めをおいている点，そして仲裁法廷によって

適用されるべき法について定めをおいている点で、IBRD の General Conditions の Section 10.04 とは異なる。特に注目されるのは仲裁法廷によって適用されるべき法に関する Section 8.04 (b) (v) であり、それは次のように定めている。

The law to be applied by the arbitral tribunal shall be public international law, the sources of which shall be taken for these purposes to include :

(A) any relevant treaty obligations that are binding reciprocally on the parties ;

(B) the provisions of any international conventions and treaties (whether or not binding directly as such on the parties) generally recognized as having codified or ripened into binding rules of customary law applicable to states and international financial institutions, as appropriate ;

(C) other forms of international custom, including the practice of states and international financial institutions of such generality, consistency and durations as to create legal obligations ; and

(D) applicable general principles of law.

そこでは、仲裁法廷が適用すべき法が「国際公法」となっている。したがって、EBRD と加盟国との間の貸付協定や保証協定についてのみならず、地方自治体や公企業との間の貸付協定についても「国際公法」が適用されるべきものとされているのである。そして、その「国際公法」の法源として列挙されているものは、実質的には、国際司法裁判所規程38条1項において裁判所が適用すべき国際法の法源として列挙されているもの（条約、慣習及び法の一般原則）とあまり異ならないといえよう。(A)は条約、(B)と(C)は慣習、(D)は法の一般原則に対応するからである。もっとも、(B)と(C)では「国際金融機関」が国家と並行して掲げてある。それは、国際司法裁判所規程の起草当時とは異なり今日では、国際金融機関が国家と同様に国際法主体性を有することが一般に認めら

れるに至っていること，及び当事者の一方が国際金融機関であることによる。また，(B)は，今日では国際協定や条約が慣習国際法を生ぜしめうることが一般に認められている，という事実を反映した形になっている。このようにして，Section 8.04 (b) (v) で「国際公法」の法源として列挙されているものは，一般に国際法の法源とされているものと異ならないといえよう[17]。したがって，Section 8.04 (b) (v) において適用されるべき法としてあげられている「国際公法」は国際法と同一視されうるであろう。また，従来の一般の用語法からいっても「国際公法」は国際法を指すものと考えるのが自然であろう。

　このようにEBRDの紛争解決条項が貸付協定につき「仲裁法廷によって適用されるべき法」を明示的に国際法と定めたのであるが，そこにIBRDの紛争解決条項からの根本的な離反，及び「国際開発金融機関の貸付協定に関する準拠法の発展における重要な一歩前進」を見出すのがHeadである[18]。彼によると，EBRDのSTCは，IBRDの貸付協定に関する伝統的な見解と異なり，加盟国との間の貸付協定のみならず国家以外のものとの間のそれをも「国際法の活動領域」のなかに入れた。彼はそこに「革新」をみるのであり，それを次の二つの理由から適切とみなす。つまり，第一には，国家と国際法主体でないものとの間の契約において国際法が準拠法として選択されうるということは今や十分に受け入れられているのであり，第二に，「国際公法」は国際開発金融機関の公的部門の貸付協定や保証協定に関する準拠法たりうるほどに十分な内容と量を有しているのである[19]，と。このようにして，彼は「公的部門の貸付協定及び保証協定の準拠法（governing law）に関するEBRDのSTCにおいて現在とられている新しいアプローチ」を薦めるのである[20]。そこからすると，彼は上記のSection 8.04 (b) (v) を「準拠法」に関する条項とみなしていることがわかる[21]。

4　おわりに

　以上，IBRDの貸付協定や保証協定に関する紛争解決条項及びEBRDの貸付

協定や保証協定に関する紛争解決条項をながめてきた。それらはいずれも紛争解決方法としては通常の国際取引契約の場合と同様に仲裁を選んでいる[22]。また，実体的規準との関連では貸付協定などの安定化及び国内法からの解放を至上命題としているように思われるが，それを達成するための法的構成に関しては若干の変遷が見出される。以下には，その点について要約的検討を試みておこう。

まず，今日ではIBRDやEBRDなどという国際開発金融機関は国際組織として国際法主体性を有するという点については争いがないようである。そして，IBRDやEBRDと加盟国との間で締結される貸付協定や保証協定は国際法主体間の協定として国際法の規律対象となっているという点についても争いがないようである。そうとすると，そのような国際法主体間の協定には国際法上のpacta sunt servandaの原則が適用されるということになろう。そのことは，そのような貸付協定や保証協定については，Delaume[23]やHeadが考えるのとは異なり，準拠法が問題とならないということを意味する。準拠法が問題になるのは抵触法的アプローチを前提とする場合にかぎるのであり，そのアプローチからするとpacta sunt servandaの原則が認められるか否か，認められるとしてもどの程度かという問題はまさに準拠法の定めるところによる。もちろん，国際法上のpacta sunt servandaの原則のもとにあっても当事者は特定の国内法を選択すること（いわゆる実質法上の指定）が可能であるが，その場合の国内法は準拠法ではなく，当事者の協定の内容の一部たる資格しか有しないのである。このように考えると，EBRDのSTCのSection 8.04 (b) (v)が「仲裁法廷によって適用されるべき法」として掲げている「国際公法」は，EBRDと加盟国との間の貸付協定や保証協定については，厳密にいえば，準拠法ではありえないのである。同条項は，国際法の規律対象たる協定には国際法が適用されるという，いわば当然のことをいっているにすぎないということになろう。それに関連して，IBRDのGeneral ConditionsのSection 10.01と同様に，貸付協定や保証協定の当事者の権利義務はいかなる国内法とも無関係に当該協定の条項に従って有効であり強制可能であると定めるSTCのSection 8.01は，

EBRD と加盟国との間の協定に関するかぎりは，国際法上の pacta sunt servanda の原則の具体的発現にすぎないのである。

　次に，国際開発金融機関と国家でないもの（地方自治体や公企業や民間企業など）との間で締結される貸付協定の場合はどうであろうか。これは国際法主体間の協定ではなく，国際法主体と国内法主体との間の協定にすぎないので，いわゆる契約の国際法の理論[24]のような特殊な見解を採らないかぎり，国際法の規律対象ではない。したがってそれには国際法が直接には適用されないことになる。それでは，そのような国際法主体と国内法主体との間の協定に関する紛争はいかなる準則によって処理されるのであろうか。この問題は国家の裁判所の前での紛争解決たる訴訟の場合には比較的に明確であるように思われる。その場合には，法廷地たる特定の国家の抵触法（国際私法）に基づいていずれかの特定の国家の法が準拠法として適用されることになろう。今日の多くの国の抵触法は準拠法たる資格を特定の国家の法に限定しているように思われるからである。それでは，IBRD と EBRD のいずれの標準条項も紛争の解決手段として採用している仲裁の場合はどうであろうか。その場合には問題は訴訟の場合ほどには単純ではないように思われる。

　従来，国際法主体たる国家と国内法主体たる私人との間の協定（国家契約）について，仲裁による紛争解決の場合に，抵触法的アプローチと実質法的アプローチの二つが存在した。抵触法的アプローチのもとでは，当事者自治の原則を認めつつ，準拠法の選択肢のなかに伝統的な抵触法理論のように特定の国家の法のみを入れるのではなく，法の一般原則や国際法をも入れる立場が有力に存在した[25]。EBRD の STC の Section 8.04 (b) (v) はその流れを更に進めて――当事者の意思によることなく――つねに国際法を準拠法とした点に特色があるように思われる。しかし，国家契約に関して国際法にも準拠法たる資格を認める立場に対しては，つとに，次のような問題点が指摘されていた。つまり，そもそも国際法は国家契約を規律対象としておらず，それに適用されるべき準則を有していないという前提に立つからこそ，抵触法的アプローチのもとに準拠法を探求するということになっていたはずである。たとえ準拠法として

であれ国際法の適用を認めるということになると，国際法のなかのいかなる準則を適用するのであろうか，国際法主体間の法として発展してきた国際法のなかに国際法主体と国内法主体との間の協定に適用されるにふさわしい準則があるのであろうか，国際法を準拠法として適用するといっても結局は国際法そのものとは異なるものが国際法の名のもとに適用されることになるのではなかろうか[26]，と。それと同じ問題点が国際開発金融機関と国内的法主体との間の貸付協定についてもあてはまる。確かに EBRD の STC の Section 8.04 (b) (v) は国際法の法源について最近の動向をも取り入れた形で述べているが，基本的には従来どおりに条約，慣習及び法の一般原則をあげているだけであり，それだけでは必ずしも上記の問題が解明されたとはいえないように思われる。準拠法として適用される国際法の内容との関連では，Head の議論が参考になろう。彼は先にもみたように，Section 8.04 (b) (v) における「国際公法」が国際開発金融機関の公的部門の貸付協定や保証協定に関する準拠法たりうるほどに十分な内容と量を有しているとみなすのであるが，その際におよそ次のように述べている。つまり，「国際公法」は条約解釈に関する準則（1969年条約法に関するウィーン条約31条，32条，未発効の1986年国家と国際組織との間の，又は国際組織間の条約法に関するウィーン条約31条，32条），条約及び契約の拘束性，成立，有効性及び履行に関する準則（条約については1969年ウィーン条約法条約7-18，26-27，42-62条，1986年ウィーン条約法条約7-18，26-27，42-62条，契約については UNIDROIT 国際商事契約原則1.3，2.1-2.22，3.1-3.20，6.1.1-6.2.3及びウィーン売買法），及び国際取引において使用される商事及び金融に関する用語に関する準則（ICC の信用状統一規則やインコタームズ，及び FIDIC の契約条件）を含んでいる。それはまた，国際開発金融機関の融資するプロジェクトのための商品やサービスの調達に関する正式なガイドラインのような，国際開発金融機関自身の事業に由来する準則，国際開発金融機関自身の貸付協定，保証協定及び事業実施協定の書面上の解釈，及びそれらの協定の重要な条項を適用又は強制する際の国際開発金融機関の慣習的な実行から引き出される原則を含んでいる[27]，と。彼のそのような論述は，EBRD

と加盟国との間の貸付協定や保証協定に適用されるべき「国際公法」と同時に，EBRDと国内法主体との間の貸付協定に適用されるべき「国際公法」にも関係するものとしてなされている。そこであげられているもののうち，ウィーン条約法条約やEBRDと加盟国との間の貸付協定や保証協定に関する慣習──おそらくそれらがEBRDと加盟国との間の貸付協定や保証協定に適用される「国際公法」と考えられているのであろう──はまさに国際法の内容をなすものであるが，UNIDROIT国際商事契約原則，ICCの信用状統一規則，インコタームズ及びEBRDと国内法主体との間の貸付協定に関する慣習──おそらくそれらがEBRDと国内法主体との間の貸付協定の準拠法として適用される「国際公法」の中身として考えられているのであろう──は国際法というよりもむしろいわゆる lex mercatoria と呼ばれるべきものなのではなかろうか。確かに定義の問題には真偽がないので UNIDROIT 国際商事契約原則なども国際法と定義することも不可能ではないが，それは従来の用語法から大きくかけ離れることになろう。したがって，Head が当該問題に適用されるべき「国際公法」の中身としてあげているものを考慮に入れると，EBRD の STC の Section 8.04 (b) (v) が国内法主体との間の貸付協定に関して適用されるべき法を「国際公法」としたことについては，実態はそうでないにもかかわらずあたかも国際法がそのまま適用されるかのような印象を与える，という問題点を指摘することができる。因みに，STC の Section 8.01 は，IBRD の General Conditions の Section 10.01 と同様に，国内法主体との間の貸付協定の当事者の権利義務につき，──貸付条件の遵守を確保するために──いかなる国内法とも無関係に当該協定の条項に従って有効であり強制可能であると定めている[28]が，それは，国際法主体たる国家と国内法主体たる外国私人との間の経済開発協定について唱えられているいわゆる lex contractus の理論──それによると当事者は法の一般原則たる pacta sunt servanda の原則に基づいてその権利義務関係をあますところなく規律しうる──を連想させるものである。そして，ここで注意すべきは，仲裁による紛争解決の場合にはそのような実質法的アプローチを受け入れる余地は十分に認められるという点である。例えば，私人間の国

際取引紛争解決に関する 1985 年の UNCITRAL 国際商事仲裁モデル法 28 条も，そのような pacta sunt servanda の原則を中核とする実質法的アプローチを採用しているとみることも不可能ではないからである[29]。また，国家と外国投資家との間の投資紛争に関する 1965 年の投資紛争解決条約 42 条についても，実質法的アプローチを採用したものと解する余地があることを指摘するものがいる[30]。

このようにみてくると，EBRD の STC の Section 8.04 (b) (v) のような規律の仕方には必ずしも全面的には賛成できないということになろう。同条項は，その文言だけをみると，確かに Head が強調するように，加盟国との間の貸付協定や保証協定についてのみならず，国内法主体との間の貸付協定についてもひとしく国際法を準拠法とすることにより——国内法からの解放をはかりつつ——準拠法の単一性と明確性を保証するかのようにみえる[31]。しかし，仔細に検討すると，問題はそのように単純ではないことがわかるのである。

1) Cf. Broches, International Legal Aspects of the Operation of the World Bank, 98 Recueil des Cours, 1959 III, p. 344 ; Scott, The Enforceability of Loan Agreements Between the World Bank and Its Member Countries, 13 Am. U. L. Rev., 1963-1964, p. 190.
2) Broches, op. cit., pp. 339-343.
   なお，横田洋三「国際組織が締結する条約の効力と強制力—世界銀行の貸付協定の場合を中心として—」『国際法学の再構築上』所収 68-72 頁は，国際法主体間においても「国内法上の私的契約」が結ばれるという考えのもとで，IBRD と加盟国との間の貸付協定の性格が「国内法上の私的契約」なのか「国際法の規律の下の条約」なのかを問う。そして，世銀協定や General Conditions の Section 10.01 などを検討した後に，当該貸付協定は条約であると結論している。
   国際法主体間の協定の法的性格に関する従来の論議は Broches によると次のようである。つまり，国連が条約及び「国際協定」の登録について定める国連憲章 102 条の適用のための草案規則を議論したときに，国際法主体間の協定であっても国内法に服せしめられるものは国際協定といえるのかという問題が提示された。第 6 法律委員会でイギリスの代表は，「私人又は会社によって締結されうるような，そして，国際法というよりも国内法によって支配されうるような性質の取引行為に関係する」国際法主体間の協定は 102 条の適用から除外されるべきであるという見解を，

表明した．他方，Lauterpacht は，条約法に関する国際法委員会における彼の報告において，国際法主体間の協定はすべてそれ以外の協定から区別されるべき重要な共通の特徴を有していると考えた．国家間の協定はすべて最終的には (in the last resort) 国際法によって支配される，という特徴である．その理由からすると，条約又は国際協定の定義のなかに国家間の協定のすべてが含まれることになろう．確かに，たとえ国際法主体間の協定が明示的に当事者の一方の国内法に服せしめられるときであっても，当該協定の違反は国際請求 (international claim) を生ぜしめうるであろう．このことは，いかなる国内裁判所も定められていないときには，つねにあてはまろう．そして，たとえ協定が紛争を国内裁判所に付託する旨を定めていても，当事者の一方が裁判拒否を主張するときには，国際的請求はなされうるであろう，と．Ibid., pp. 339-340. これに対して，条約法に関する国際法委員会の報告者として Lauterpacht の後任者である Fitzmaurice は次のように述べている．つまり，「国際法によって支配されない国家間の協定」は若干ありうる．「最終的には国家間のすべての協定が国際法によって支配される」と述べる点において，Lauterpacht は正しい．しかし，「中間的な意味において協定及びその付帯事項は当事者の一方の国内法によって支配されうる」．例えば，国家Aが，国家Bの国有地に属する財産を大使館として使用する目的で購入するための協定を，国家Bと締結する．国際法によって支配されない国家間の協定は可能なのであるが，それは条約ではない，と．Yearbook of the International Law commission, 1956, Vol. II, p. 117.

　Lauterpacht, Fitzmaurice 及び Broches はいずれも，国際法主体間の協定はすべて「最終的には」国際法によって支配されるということを認めている．それは，実質的には，当該協定の違反は最終的には国際法上の pacta sunt servanda の原則の違反を理由に「国際請求」を可能ならしめるということを意味するものであろう．他方，彼らは，国際法主体間の協定であっても当事者の意思を介して「直接的に」又は「中間的な意味において」国内法によって支配されうる，とみなす．それは，当事者は国際法上の pacta sunt servanda の原則に基づいて特定の国内法上の準則を当該協定のなかに取り込むこと（いわゆる実質法上の指定であって抵触法上の指定ではない）ができるということを意味するものであろう．

3) Broches, op. cit., pp. 343-346.
4) Ibid. p. 353.
5) なお，例えば国家Aが，国家Bの国有地に属する財産を大使館として使用する目的で購入するための協定を，国家Bと締結する，という場合は以下のように説明されるべきであろう．つまり，この場合にも，国際法，特に国際法上の pacta sunt servanda の原則が適用される（「最終的には国家間のすべての協定が国際法によって支配される」）のであって，当事者はすべての問題を協定によって規律することができるが，便宜上，いわゆる実質法上の指定という仕方で特定の国内法を協定の

一部に編入することもできる。もし当事者が黙示的にも何も合意していない部分について国内法が適用されることがあるとすれば，それは，国際法の欠缺の場合――条約又は協定がなく，慣習もない場合――に法の一般原則としての抵触規則が適用されたことによる，と。
6) Ibid., pp. 345-346.
    また，彼によると「notwithstanding the law of any State... to the contrary」（いかなる国……の反対の趣旨の法令にもかかわらず）という文言は，この自治的性格を消極的に表明し，「国際協定は国内法よりもむしろ国際法によって支配されるという一般原則」を反映している。
7) 多喜寛「国家契約（経済開発協定）と『根本法秩序』（又は Grundlegung）」法学新報 104 巻 4・5 号 1 頁以下を参照。
8) Broches, op. cit., pp. 351-352.
    なお，彼は更に次のように述べている。つまり，「借入人は契約によって国内法の適用から免れるということはできないであろうが」，IBRD と加盟国は彼ら自身の関係においてのみならず―― Section 7.01 の承諾によって証明される借入人の同意を伴って―― IBRD と借入人との関係においても貸付協定を国内法から隔離しうる，と。Ibid., p. 352.
9) Ibid., p. 354.
10) 多喜「国家契約（経済開発協定）に関する lex contractus の理論」比較法雑誌 35 巻 1 号 1 頁以下を参照。
11) Head, Evolution of the Governing Law for Loan Agreements of the World Bank and Other Multilateral Development Banks, 90 AJIL, 1996, p. 221.
12) Ibid., p. 220.
13) Ibid., p. 220.
14) Scott, op. cit., pp. 191-192.
15) Delaume, Issues of Applicable Law in the Context of the World Bank's Operations, in : 2 The Transnational Law of International Commercial Transactions, 1982, p. 323.
16) Ibid., p. 322.
17) Head, op. cit., pp. 227-228.
18) Ibid., pp. 227-228.
19) Ibid., pp. 228-229.
20) Ibid., p. 230.
21) Head は更に，Section 8.04 は「他方当事者が国家であろうとなかろうと」貸付協定などの紛争を仲裁するにあたり国際法を「準拠法」として定めたと述べている。Ibid., p. 230.
22) 国際取引紛争解決の方法として仲裁が好まれる理由については多喜『国際仲裁と

国際取引法』3頁以下及びそこに掲げられている諸文献を参照。そこでは私人間の国際取引紛争が主として念頭におかれているが，当事者の一方が主権国家である場合には更に主権免除の原則の回避という理由が考慮に入ってくる。

　因みに，IBRDの貸付協定や保証協定に関してこれまで仲裁に付託されたケースはまだ1件もないようである。その点については，Delaume, op. cit., p. 323は，およそ次のように説明している。つまり，IBRDがその加盟国全体のために活動する国際的協力機関であるという事実は無視できない。この事情のもとでは，協定の解釈又は履行に関して紛争が発生しても，通常は当事者間の協議によって解決されるので，仲裁に訴える必要はなかったのである，と。

23) Delaume, op. cit., p. 320は，世銀と加盟国との間の準拠法（proper law）は国際法であるとみなす。彼は更に続けて，IBRDはデプサージュ（準拠法の分割指定）の技術を使用して当事者間の関係の一部を支配すべき法として国内法を選択することに躊躇しない，と述べる。しかし，その場合の国内法の選択は厳密にいえば抵触法上の指定たる準拠法の選択ではなく，国際法上のpacta sunt servandaの原則を前提とした実質法上の指定たる協定への編入にすぎないのである。

24) 多喜「契約の国際法の理論」『Toward Comparative Law in the 21st Century』所収1299頁以下を参照。

25) 多喜「国家契約（経済開発協定）の『準拠法』としての法の一般原則」『現代企業法の新展開』所収333頁以下，同「国家契約（経済開発協定）の『準拠法』としての国際法」比較法雑誌31巻3号1頁以下を参照。

26) 多喜・前掲比較法雑誌31巻3号1頁以下，同「ICSID仲裁判断の規準―特に『国際法』の意義を中心に―」『国連の紛争予防・解決機能』所収508頁以下を参照。

27) Head, op. cit., pp. 229-230.

28) その場合の国内法としては通常は加盟国やその地方自治体の国内法が念頭に浮かぶのであるが，それ以外の国内法も考えられる。例えば，銀行は第三国の通貨で貸し付ける場合に，銀行の債権者としての権利が当該第三国の法によって影響を受ける又は弱められることがありうるのである。Cf. Broches, op. cit., pp. 350-351.

　もっとも，ibid., p. 352によると，IBRDと国内法主体との協定について，それを国内法から解放するという課題は，IBRDにとっては実際には過大評価されるべきではないようである。というのは，たとえ借入人の義務が国内法によって影響されるようなことがあっても，保証人たる加盟国政府の義務はそれによってなんら影響をこうむることもないからである。IBRDと加盟国政府の間の保証協定のもとでは，保証人の義務は通常の保証人のそれではなく，むしろ共同債務者（joint co-debtor）のそれであり，保証人は単なる保証人としてではなく《主たる債務者》として無条件の支払保証を引き受けることになるようである。Cf. ibid., pp. 351-352.

29) 多喜『国際仲裁と国際取引法』345頁以下を参照。

30) 多喜・前掲『国連の紛争予防・解決機能』所収494頁を参照。
31) Cf. Head, op. cit., pp. 230, 232.

第4章
国際私法と統一法条約の関係について

1 はじめに

　国際私法と統一法条約の関係に関する我が国の従来の議論には，必ずしも明晰でない部分があるように思われる。本稿はそれを明らかにしつつ，多少なりとも議論を深めるということを目的とする。上記のテーマについては，周知のように，これまで高桑昭教授が精力的に取り組んでこられた[1]。そこで，以下には，教授の議論に依拠しつつ，従来の議論を分析・検討するという仕方で，上記のテーマに接近することが試みられる。

2 従来の諸見解

　高桑教授は，統一法と国際私法については「一方の存在は他方の存在と矛盾する」ということを「一般論として」認めたうえで，統一法と国際私法の関係について次のように問題を提出される。「一定の法律関係（渉外的法律関係）についての統一法が存在する場合に，特定の統一法の規定が国際私法の規定にかかわらず適用されるのか，または国際私法によって準拠法が指定され，準拠法所属国がその統一法を採用しているときにそれが適用されることになるのか」[2]。そして高桑教授は「統一法と国際私法の関係」について学説を次のように整理される。
　教授はまず，従来，学説が二つの立場に分かれていたとされる。
　①まず，その一つの立場について，教授は次のように述べられる。

「国際私法に関する伝統的な考え方によれば，各国の私法の差異が解消しないかぎり，国際私法によって準拠法を決定すべきであり，準拠法の属する国が統一法を定めた条約の締約国であるときにその統一法の規定が適用されるという立場をとる。この立場では統一法が直接適用されることはありえないことになる。したがって，統一法の適用範囲に関する規定は，統一法を採用した国の国内法として統一法が適用される場合を示すための規定と解することになる。この立場では，統一法が国際私法の規定を介することなく，直接適用される旨の規定（例えば，ハーグ統一売買法第2条）は本来あってはならない規定であるということになり，解釈上このような規定は無視せざるをえないことになるのではなかろうか」[3]。したがって，この立場に立脚する人が「条約でそのようなこと〔統一法の直接適用……注〕を定めてあれば，例外として認めるということにする」と述べることは，「論理的な説明はつかないであろう」[4]。

しかし，「国際私法に関する伝統的な考え方」は高桑教授が説かれるように本当に，「統一法が国際私法の規定を介することなく」「直接適用されることはありえない」と考えていたのであろうか[5]。少なくとも，そのことを明言した国際私法学者はいないように思われる[6]。

②次に，「伝統的な考え方」とは異なるもう一つの立場として，高桑教授は，「統一法の直接適用の可能性を認める立場」[7]をあげられる。その「可能性を認める」という言葉からして明らかなように，その立場はいかなる場合にも統一法を直接適用しなければならないと説くものではない。その立場を提唱される高桑教授の見解をみてみよう。教授は次のように述べられる。

「統一法が直接適用されるかどうかは，統一法を定めた条約のなかでどのように定めたかによることとなる。そのことを条約のなかで明らかにしていることもあれば，それぞれの条約の性質，条約の規定の内容などから解釈判断すべき場合もあろう」。「したがって，特定の条約で統一法は国際私法の規

定を排除して適用されることを定めた場合，あるいは統一法が直接適用される旨の規定のある場合，その作成の経緯からみてそのように解すべき場合には，その統一法は各国の国際私法の規定を介しないで適用されるべきである」[8]。

その後，高桑教授は「最近あらたに二つの説があらわれた」として，それらを「特別抵触規定説」と「体系際規則によるとする説」と呼ばれる[9]。

③まず，「特別抵触規定説」である。その見解は筆者には多少難解であるので，正確を期すために，論者であられる奥田安弘教授の論述を次に多少詳細に紹介する。教授は次のように述べられる。

「統一法条約は，渉外実質法に属するので，その趣旨および目的から，特別の抵触規定が考えられる。しかし，逆に，まさに統一法条約自体の趣旨および目的から，特別の抵触規定を不要とする場合もある」[10]。特別抵触規定とは，渉外実質法の渉外的事案への適用を定める「渉外実質法のための適用規範」である[11]。「統一法条約は，事実関係が締約国と一定の関連を有することを，適用要件とすることがある」が，そこから「特別の抵触規定を導き出すことが可能である」。それは，「条約が定めた締約国との関連が存在する場合には，通常の抵触規定のいかんにかかわらず，統一規則を適用する趣旨」の規定である。「この場合の特別抵触規定は，二重の機能を持っており，一方において，非締約国の法ではなく，締約国の法が適用されるべきことを定めると同時に，他方において，締約国の法のうち，通常の実質法ではなく，渉外実質法たる統一規則を指定している」[12]。「特別抵触規定は，ある特定の締約国法を指定しているのではなく，すべての締約国が共有する，いわば統一法秩序を指定している」[13]。「統一法条約のための特別抵触規定は…締約国の法のうち，通常の実質法ではなく，渉外実質法たる統一規則を指定する」[14]が，「このような統一規則は，条約の趣旨および目的に沿って，解釈されるべきであり，形式的には，国内法化されていても，実質的には，すべて

の締約国が共有する法である」即ち「特定の国家法秩序ではなく，独自の統一法秩序である」[15]。「統一法条約のための特別抵触規定は，…すべての締約国が共有する統一法秩序を指定している」[16]。

そのような論述からすると，特別抵触規定とは，統一法条約にあって，事案が締約国と一定の関係にある場合に「通常の抵触規定のいかんにかかわらず」（法例とは無関係に）渉外的事案につき特定の締約国の統一規則（形式的には国内法化されているが実質的にはすべての締約国が共有するもの）の適用を命ずる規定である，ということになろう。その具体例の一つとして，ウィーン売買条約の1条1項a号に関する奥田教授の論述をみてみよう。教授は次のように述べられる。

「ウィーン売買条約は…締約国が法廷地であること以外に，事実関係と締約国との間に一定の関連が存在していることを要求している。まず，当事者双方の営業所が締約国に所在している場合が挙げられている（a号）。これは…当事者双方の営業所所在地を連結点として，締約国の法を指定する特別抵触規定である」[17]。

そこからは，奥田教授は，当事者双方が異なる締約国に営業所をもつ場合の売買契約については（ウィーン売買条約1条1項柱書）同条約における当事者の権利義務に関する諸規定が通常の国際私法（法例）を介することなく適用される，と考えておられることがわかる。しかしその点は，高桑教授と異ならないように思われる。奥田説の独自性が現れるのは，同条約1条1項(a)号を「当事者双方の営業所所在地を連結点として，締約国の法を指定する特別抵触規定」という内容に読み替える点においてである。そのような特別抵触規定からすると，法廷地の裁判所は，当事者双方が異なる締約国に営業所をもつ場合の売買契約については当事者双方の営業所所在地の「渉外実質法たる統一規則」（それぞれの国に受容されたウィーン売買条約における当事者の権利義務

に関する諸規定）を同時に累積的に適用すべきこと（「累積的連結」）になろう[18]。

④次に，「体系際規則によるとする説」である。論者であられる高杉直教授は次のように述べられる。

　「国際私法と渉外実質法が抵触している場合，これを解決して両者の適用関係を決定するのは，どのような規則なのか」[19]。「一般国際私法と当該渉外実質法（ないし統一法）との関係」・「渉外実質法を排除する趣旨の国際私法と国際私法を排除する趣旨の渉外実質法との関係を決定するのは……理論的には，『上位法は下位法に優先する』，『特別法は一般法に優先する』，『後法は前法に優先する』などの体系際規則である」。「法例7条とウィーン条約との関係でいえば，ウィーン条約は上位法であり，特別法であり，後法であるため，ウィーン条約の趣旨が強く尊重されるべきこととなろう」。「体系際規則に従い，ウィーン条約が法例7条に優先する」[20]。

3　分析及び検討

　ときとして，上記の諸見解は，同一レベルに置かれて，そのいずれを採用すべきであるのかという形で論評されることがあるが，それは適切ではないように思われる。そのことを示すために，上記の諸見解の簡単な分析・検討を以下に試みてみよう。

　1　統一法条約と国際私法（法例）の関係について問われうるのは，第一に，両者が内容上抵触する場合には，どちらが優先するのか，という問題である。これまで多くの人は統一法条約の適用を優先させてきたと思われるが，問題は，それはいかなるルールによるのかであろう。④の見解はこの問題に取り組んだものとして位置づけられるべきである。その見解は『上位法は下位法に

優先する」,『特別法は一般法に優先する』,『後法は前法に優先する』というルールを引き合いに出す。確かに,それらのルールは当該問題の解決に関わるのである。しかし,④の見解のもとではそれらのルールの適用関係が適切ではないように思われる。というのは,それらのルールはこれまで一般に,④の見解が「法例7条とウィーン条約との関係」の問題について説いたように同時的・重複的に適用されるのではなく,一定の手順のもとで適用されてきたように思われるからである。それに基づいて法廷地国際私法（法例）と統一法条約の関係について説明してみよう[21]。まず,法創設形式という点からすると,国際私法（法例）は通常の国内法律であることはいうまでもないが,統一法条約の場合はどうであろうか。それについては便宜上二つの場合に分けて考えてみよう。一つは,統一法条約がいわゆる自動執行的な条約（self-executing convention）という形をとっているので,それを批准した後に,それに対応した国内法律が制定されていないという場合である。その場合には,わが国では国内憲法において国際法の法形式に属する規範を包括的に国内法秩序のなかに組み入れるという体制（いわゆる受容）がとられている（例えば日本国憲法98条2項を参照）とすると[22],国内裁判官は受容された「統一法条約」（国内法の一部となったもの）を適用すべきことになるが,それは単なる国内法律と同一視されるべきであろうか。日本国憲法における条約と法律との関係についての多数説たる条約優位説の見地からすると,そのような「統一法条約」は単なる国内法律,それ故に法例よりも形式的効力が強いということになろう[23]。例えば,広中俊雄教授も,「その内容が法律で具体化されることを要せず日本の国内法として適用されうるような条約の規定は,これと抵触する法律の規定に優先して適用されるべきものと解される」[24]と述べられる。他の一つは,統一法条約を批准した後にそれを具体化する国内法律を制定したという場合（いわゆる変型）である。この場合には,国内法律に変型した統一法条約と国内法律たる国際私法との関係については,同一形式の二つの制定法の規定の内容上の抵触を解決するものとしてこれまで一般に認められてきたルール——『特別法は一般法に優先する』とか『前法は後法を廃止する』とかのルール——[25]が適用

されることになろう。そして、国際私法が統一法条約の適用領域を包摂する一層広い適用領域をもつときには、『特別法は一般法に優先する』というルールが適用される。米倉明教授によると、「一般法と特別法の関係に立つ成文法の間では、前法後法に関係なく特別法が優先する」[26]のである。これに対して、両者が一般法と特別法の関係にもないときには、『後法が前法を廃止する』——時間的に後の法律は時間的に前の法律を廃止する——というルールが適用される。因みに、それらのルールを④の見解のように「体系際規則」と呼ぶべきかどうか[27]は用語の問題であるので、ここではその問題に立ち入らない。このようにみてくると、④の見解が「体系際規則」によって解決しようとしている問題は、実は、②の見解や③の見解が取り組んでいる問題——「統一法の直接適用の可能性を認める」べきか、又は「特別抵触規定」という構成を認めるべきか——とは論理的次元を異にするのである。④の見解は、②の見解や③の見解が当然の前提としている、統一法条約と国際私法（法例）が内容的に抵触する場合には前者が優先的に適用されるべきであるという判断について、その根拠となるルールを具体的に示そうとするものであるにすぎない。

　2　第2に、統一法条約が適用される場合に、条約のなかにおける当事者の権利義務に関する諸規定がどのような仕方で適用されるのか、換言すれば、当事者の権利義務に関わる諸規定が直接に適用されるのか、それとも国際私法（法例）を介して適用されるのか、あるいは特別抵触規定という特殊な規則に従って適用されるのか、という問題がある。これは、具体的に統一法条約が当事者の権利義務に関わる諸規定の適用の仕方についてどのように定めているのか、という問題であり、それに取り組むのが、②の見解及び③の見解である。この問題は統一法条約の解釈の問題であるので、個々の条約の内容を検討して答えを引き出すことになり、この点については異論がないものと考えられる。当該問題に関して見解の相違が生じうるのは、個々の条約について、当事者の権利義務に関わる諸規定の適用の仕方がどのようになっているのか、という解釈について、及び、そもそも統一法条約における当事者の権利義務に関わる諸

規定の適用の仕方がいかにあるべきかという一般的な法政策論についてである。以下には，その点について敷衍してみよう。

　まず，条約が上記の問題に関して明確な内容の関連規定を有している場合には，答えは簡単に引き出すことができる。そのような関連規定としてよく知られているのは，1964年のハーグ売買条約2条である。それによると，「国際私法の規則は，本法に反対の規定がない限り，本法の適用に関しては排除される」。つまり，国際私法の介在を拒否し，同条約における当事者の権利義務に関わる諸規定の直接適用を認めているのである。この点については異論がないようである。また，1980年のウィーン売買条約1条1項a号についても，その起草過程の議論及び同条同項b号との関連からして，国際私法の介在を拒否し，統一法条約の直接適用を認めている，と解することが，多数説であるように思われる[28]。確かに，③の見解は同条約1条1項a号から「当事者双方の営業所所在地を連結点として，締約国の法を指定する特別抵触規定」（「累積的連結」）を引き出す。しかし，そのような説明の仕方の特殊性を別にすれば，両当事者の営業所所在地がいずれも締約国であるときには同条約における当事者の権利義務に関わる諸規定は従来の国際私法の介在なく適用される，という点では③の見解は②の見解と異ならないように思われる。しかし，そのような明確な規定がないときには，当該条約の趣旨・目的から答えを引き出すことになる。そのような例としては，1924年の船荷証券条約がある。同条約のなかで，上記の問題に関連するといえなくもないのが10条であるが，それは「この条約の規定は，締約国で作成されるすべての船荷証券に適用する」と定めているのみで，そこから上記の問題についての決定的な答えを引き出すことは無理である。また，同条の起草過程の議論も明瞭ではないようである[29]。そこで，見解が分かれることになる[30]。

　次に，統一法条約における当事者の権利義務に関わる諸規定を直接適用するのが妥当であるのか，それとも国際私法を介して適用するのが妥当であるのか，という一般的な法政策的な問題についても，見解は分かれている。例えば，高桑教授は，船荷証券条約を含め「統一法の規定を直接適用することにし

た条約が多い」理由を次のように説明される。

　「考えてみれば，国際会議を開いて実質法の統一の規定を作りながら，国際私法の規定により締約国の法律が準拠法となったときに適用さるべき統一法を作成することは，いささか迂遠なことであるから，統一法を直接適用する条約が多いのは当然のことかもしれない」[31]。

　そこでは，統一法条約を作成する際に同条約における当事者の権利義務に関わる諸規定を国際私法により適用するという仕方は「いささか迂遠なこと」とみなされ，直接適用に好意的な立場が示されている。これに対して，石黒一憲教授は，「統一法と国際私法の関係」について「価値判断ないし政策論上の問題」[32]という観点から次のように述べられる。

　「批准ないし国内的に実施された統一法は各国内法の一部になると見るべきであり，法統一の目的ないし理念を追求するのあまり，統一後の法発展を阻害することは，なすべきではない。また，各国の裁判制度の一本化のなされていない現状では統一法の解釈を各国の自由な（但しもとより法解釈の枠組の中における）創意に委ねることは，極めて自然でもあり，有意義なことでもある」。「他面，各国間の解釈の相違に直面しつつ法廷地国が常に自国の解釈によって統一法を適用しようとすることは，妥当でない。かかる処理は，結局は悪しき法廷地法主義としての批判を免れるものではあるまい」。「各国の統一法解釈の相違を前提とした処理（つまりはいわゆる Vorschalt-lösung）を妥当とすべきであろう」[33]。それは，「統一法は，国際私法の規定により，批准国の法が準拠法とされた場合にのみ適用を見る，という処理」である[34]。

　そのような論述においては，統一法の解釈につき各国裁判所の間で見解の相違が見られる場合には，国際私法の介入を認めないと，法的安定性が確保でき

ないことになる，という趣旨が説かれているように思われる。もっとも，そのような観点を更に推し進めていくと，国際私法の介入を認めるとしてもそれは従来の国際私法（例えば法例など）であってはならない，ということになろう。なぜならば，従来の国際私法はまだ統一されていないので，それの介入を認めることは法的安定性にとって必ずしも好ましいことではないからである。そこで，例えば，統一法条約を作成するにあたり，将来生じうるかもしれない各国裁判所の解釈の相違に対処するという目的で，統一法条約のなかに統一的な国際私法規則を設けるべきである，という立法論が考えられよう。その点との関連で注目されるのが，統一法条約のなかに従来の国際私法規則とは別個の統一的な国際私法規則を見出そうとする，③の見解である。しかし，同見解が例えばウィーン売買条約の1条1項a号から——起草者の意思とは無関係に——「当事者双方の営業所所在地を連結点として，締約国の法を指定する」（「累積的連結」）という特別抵触規定を引き出すときには，その結果の妥当性について疑問を抱かざるをえない。というのは，統一法条約における当事者の権利義務に関する諸規定につき当事者の営業所の所在する締約国の裁判所がそれぞれ異なる解釈を示しているときには，それらの累積的適用は，矛盾する解釈の累積的適用ということになるように思われるからである。もっとも，同見解は，「このような統一規則は，条約の趣旨および目的に沿って，解釈されるべきであり，形式的には，国内法化されていても，実質的には，すべての締約国が共有する法である」即ち「特定の国家法秩序ではなく，独自の統一法秩序である」——「統一法条約のための特別抵触規定は……すべての締約国が共有する統一法秩序を指定している」——と述べているところからすると，「統一規則」の解釈が個々の締約国の裁判所によって異なりうるということを視野に入れていないのかもしれない。そのような条件のもとでの議論であったならば，先にも述べたように，③の見解は②の見解とは実質的に異なる結果を生ぜしめるものではないということになろう[35]。というのは，例えばウィーン売買条約1条1項a号の場合には，②の見解のもとでも，③の見解のもとにおけるのと同様に，両当事者の営業所所在地がいずれも締約国であるときには同条約

における当事者の権利義務に関する諸規定は従来の国際私法の介在なく適用されるということになるからである。そして，③の見解の特色は，そのことを特別抵触規定という構成により説明しようとしたにすぎないことになる。しかし，各国の裁判所は統一規則を「条約の趣旨および目的に沿って」解釈すべきであるとしても，それによって諸国の裁判所の解釈が同じになるという保証はない。そのことを考慮に入れると，特別抵触規定説は「当事者双方の営業所所在地を連結点」とするという「累積的連結」の構成により，やはり先に述べたような困難に直面するのではなかろうか。②の見解も，締約国の統一法条約の解釈が分かれるという場合について積極的に発言しているのではないが，おそらくは，そのような場面に遭遇してもいずれの締約国の解釈を適用すべきかというような問題を立てることなく，法廷地国独自の立場から統一規則を解釈することになるように思われる。というのは，当該見解は，統一法条約の作成の場合に抵触法的な処理を導入することを「いささか迂遠なこと」とみなしているからである。

　いずれにせよ，統一法条約に関する諸国の裁判所の解釈の相違を理由に国際私法の介入を要求する石黒教授の見解[36]は，当事者の権利義務に関する諸規定を統一することですべての問題が解決するのではない，ということを指摘する点では傾聴に値するが，問題点も有するように思われる。確かに，石黒教授の説かれるように「批准ないし国内的に実施された統一法は各国内法の一部になる」のであるが，しかしそのことは必ずしも，「統一法の解釈を各国の自由な（但しもとより法解釈の枠組の中における）創意に委ねる」——そのような考えは統一法条約に関する諸国の裁判所の解釈の相違を助長する恐れがあり，多くの場合に統一法条約の趣旨・目的に沿わない——という結論に直結しない。国家は統一法条約の国内的実施の場合に，国際的調和の観点から当該条約の趣旨・目的をできるだけ生かすように努めるということも可能であり，むしろ統一法条約の立場からすれば批准国はそうする国際法上の義務があるということになろう。その点との関連では，多少古いものではあるが，小町谷操三博士の次のような論述が引用に値する。国際海上物品運送法について，博士が次のよ

うに述べられる。

「本法は，船荷証券条約を国内法にしたものであるから，その解釈に当っては，常に，本法で問題となった規定に該当する条約の規定の立法趣旨を，明らかにしなければならない。…… また，すでにこの条約を批准した諸国における判例並に学説を，常に参照しなければならない。換言すれば，本法は，船荷証券に関する，若干の重要な法律関係の，世界的な統一法を，国内法としたものであるから，その解釈は，常にこの目的を斟酌することを要する。苟くも既定の概念に捕はれたり，規定の文字に拘泥することを，厳重に戒めなければならないのであって，もし本法に関する争が裁判所に係属したならば，裁判官の任務は，決して容易なものではない。吾々は，イギリス上院の二人の判事が，イギリスの 1924 年の海上物品運送法の解釈に当り，同法が，条約に基くものであるから，従来の判例法に捕はれてはいけないことを判示した，有名な意見が，その権威を認められていることを，特に注意することを要する」[37]。

因みに，法政策論的に国際私法の介入を認めない見解にあっても，統一法条約に関する諸国の裁判所の解釈が分かれたときにどのように対処すべきであるのかという点については，妙案を持ち合わせているわけではない。例えば，齋藤彰教授は，統一法につき国内裁判所の解釈が分かれた場合に「改めて国際私法を再登場させ」る見解に対して，「それは統一法の未来に対してあまりに悲観的な考えであり，実質的には統一法否定論につながろう」と指摘される[38]。そのうえで教授は，「当面は，各国の判例の定期的な収集・翻訳・刊行などの地道な作業を積み重ねることにより……，漸次，各国裁判所による統一法の統一的な解釈の確立を目指して行くのがもっとも現実的な方法であろう」[39]と述べられる。1980 年のウィーン売買条約についてではあるが，シュレヒトリュームもそのような方向を示す。彼によると，抽象的規定については，「この条約の適用をコントロールする最高裁判所」がないので，「各国各様の判決がな

されるという危険」があるが，「あまりにもバラバラな解釈がなされることを唯一防ぐには，この条約を批准したすべての国の法律家が常に接触を保ち，情報を交換し，積極的に他の法律家の見解や解釈を受け入れる姿勢を持つことが必要」である[40]。そして，UNCITRAL も，統一的解釈に向けての協調を期待するという目的で，ウィーン売買条約などに関する諸国の裁判所の判決などを収集して英語でその要旨を紹介するとともに，掲載誌に関する情報も提供している[41]。そうはいっても，それだけでは現実に締約国の裁判所の解釈に相違が出てくる可能性を排除しえないように思われる。この場合にどのように対処すべきであるのかという問題は，やはり残るのである[42]。

4 おわりに

　統一法条約と国際私法（法例）とが内容的に抵触矛盾するときにはいずれが優先するのか。この問題は，統一法条約が自動執行的な条約として国内的に実施される場合には，『条約は法律に優位する』というルールにより，統一法条約が国内法律へと変型されて国内的に実施される場合には，状況に応じて，『特別法は一般法に優先する』というルール又は『後法が前法を廃止する』というルールにより解決されるべきであろう。

　上記の問題が上記のルールにより統一法条約の優先的適用という形で決着がついても，更に，統一法条約における当事者の権利義務に関する諸規則はいかなる仕方で国内的に適用されるべきであろうか（直接に適用されるのか，それとも各国の国際私法の介在をへて適用されるのか，あるいは特別抵触規定という特殊な規則に従って適用されるのか），という問題が提起されてきた。この問題は個々の条約の定めるところによるという意味で，条約の解釈問題である。そしてこの問題は単に理論上の問題にすぎないのではなく，当事者の権利義務にも影響を及ぼしうる。というのは，統一法条約は締約国により批准され，受容又は変型により締約国の法秩序のなかに組み込まれた——そのことは必ずしも締約国が同条約を国家的な観点から解釈してもよいということを意味

しない——後に，締約国の裁判官によって解釈されていくのであるが，その解釈がすべての締約国において同じである保証はないからである。

　それでは，個々の条約の解釈問題とは切り離して，そもそも法政策論的には上記の問題はどのように考えられるべきであろうか。まず，国際私法的処理を迂路とみなして，統一法条約における当事者の権利義務に関する諸規定の直接適用を説く立場が考えられる。しかし，その際に，法廷地国の裁判官は自分が統一法条約そのものと考えるところのもの（法廷地国に受容されその裁判官によって解釈されたもの）を適用すべきであるという見解に立脚するときには，次の問題を意識せざるをえなくなろう。つまり，統一法条約の解釈につき各締約国の裁判所の態度が異なる場合には，原告がどこの締約国の裁判所に訴えるのかによって訴訟の結果が異なることになる，と。そこで，そのような場合に法的安定性を確保する又は forum shopping を阻止するという目的から，再び従来の国際私法の登場を要請する見解が出てくる。そして，従来の国際私法はまだ統一されていないという実情を考慮に入れて，その見解を更に推し進めていくと，統一法条約のなかに最初から統一的な国際私法規則を盛り込むべきであるという立法論に結びつくことになろう[43]。この点との関連で，所与の統一法条約につき，事実関係が締約国と一定の関連を有することを適用要件とする特定の条文から——起草者の意図に拘泥せずに——統一的な特別の国際私法規定を引き出そうとする試みが注目されるが，具体的に引き出された特別の国際私法規定の内容は必ずしも妥当とはいえないようなものとなっている。

　ところで，そもそも諸国における統一法条約の解釈の相違が少なければ，上記の問題はその重要性を失うことになる。解釈の相違を少なくするための方法としては，ウィーン売買条約の場合のように諸国の判決の収集・翻訳・紹介という作業が考えられるが，それがどの程度諸国の解釈の統一に効果的であるのかは，未知数である。その際に決定的なのは，諸国の裁判官は統一法条約の解釈の調和のために外国裁判所の解釈などをどの程度積極的に受け入れる用意があるのか，という点であることはいうまでもない。そのほかに考えられる方法は，紛争の解決を ICC 仲裁に付託しつつ，統一法条約の適用を求めるという

方法である．ICCは重要と思われる仲裁判断の一部を当事者の氏名を明らかにしない形で公にし始めてから久しいが，その結果，以前に公表された仲裁判断の見解を引き合いに出す仲裁判断が現れて，やがては一種の判例のようなものが形成されるようになったというケースがいくつか存在する．そこからすると，ICC仲裁の場合には国家的色彩が薄いので，統一的な解釈に向けての土壌がかなり期待できるように思われる．他の常設仲裁機関の場合にも同様に国家的色彩が薄いものがあると思われるが，問題は，仲裁人がそれを援用しうる形で仲裁判断の内容の公表を行っているかどうか，したがって一種の判例のようなものの形成を可能ならしめる条件が整っているかどうかである．その意味で，機関仲裁のなかでも特にICC仲裁が注目されるのである．

1) 高桑昭「船荷証券に関する1924年条約にもとづく統一法の適用」立教法学36号48頁以下，同「船荷証券に関する1968年議定書と統一法の適用」国際法外交雑誌90巻5号1頁以下，同「国際取引に関する統一私法と国際私法」法学論叢136巻4・5・6号75頁以下，同「実体法に関する近時の統一法条約と国際私法の関係」法学論叢138巻4・5・6号33頁以下，同「国際私法と統一私法」国際私法の争点（新版）15頁以下を参照．
2) 高桑・前掲法学論叢136巻4・5・6号79頁。
3) 高桑・前掲法学論叢138巻4・5・6号53頁。
4) 同53頁。
5) 石黒一憲「統一法による国際私法の排除とその限界」海法会誌復刊24号4頁も同旨。
6) 高桑・前掲法学論叢138巻4・5・6号56頁は石黒教授が「伝統的な考え方を受け継いでいる」とみなすが，石黒教授はそうではない．教授は，「国際私法と統一私法の適用関係は個々の具体的な条約あるいは統一私法の規定について検討すべきである」とする高桑教授の見解に「全く賛成」（石黒・前掲5頁）なのである．その結果，教授は「統一法それ自体により国際私法の在来の規律の仕方が排除もしくは制限されることがある」ことを認めるが，「それは，統一法の中の適用範囲確定規範によるものではなく，例えばワルソー条約32条や1964年ハーグ統一売買法2条のような，格別の規定（抵触規定）によってはじめてなし得ることと考えたい」とする（同11頁）．そこでは，統一法条約のなかの適用範囲確定規範の意義についての教授の解釈が示されているにすぎない．

高桑・前掲国際私法の争点16頁は更に次のような沢木教授の論述のなかに「し

ばらく前までの通説あるいは多数説」の立場を見出す。つまり、「統一法条約の批准の結果、内国法秩序の中にとり入れられた統一法は、その性質が多様であり、その趣旨・目的によっては、国際私法により統一法所属国法秩序が準拠法として指定された場合に、当該国内の適用規範によって適用根拠が認められうる場合があると考えたい」（沢木敬郎「国際私法と統一法」松井＝木棚＝加藤編『国際取引と法』142-143頁）、と。しかし、そこでは、統一法の「趣旨・目的によっては」統一法の適用のためには国際私法による準拠法の指定という手続が必要である「場合がある」、という考えが示されているだけであって、「統一法が国際私法の規定を介することなく」「直接適用されることはありえない」という「伝統的な立場」が示されているのではない。

　高桑・前掲法学論叢136巻4・5・6号78-79頁は、「しばらく前まで」の「通説あるいは多数説」が「現在でもなお多くの支持をえている」とし、それを船荷証券条約（改正国際海上物品運送法）との関連で説明する。つまり、同83頁は、立法担当者の解説として菊池洋一『改正国際海上物品運送法』をあげ、「その解説では条約に直接適用について明文の規定があるときはそれに従うとしながら、統一法と国際私法の関係について学説が分れているとの理由で伝統的な見解に従っている」、と。しかし、それでは、「明文の規定があるときは」「直接適用」を認めるという趣旨であるから、上記の「伝統的な考え方」とは異なるのではなかろうか。実際にも、菊池洋一『改正国際海上物品運送法』42頁は、統一法条約と国際私法との関係について高桑教授の見解に従い「個々の条約毎にその文理や趣旨に即して判断すべきであるとする…考え方が妥当であろう」という基本的な立場を採用する。ただ、同・39-40頁は、個別的に船荷証券条約の趣旨をどのように理解するのかという点について、高桑教授と異なり、直接適用を認めないという立場を示すにすぎない。

7) 高桑・前掲法学論叢138巻4・5・6号53頁。
8) 高桑・前掲法学論叢136巻4・5・6号81頁。
9) 高桑・前掲法学論叢138巻4・5・6号53頁。
10) 奥田安弘『国際取引法の理論』30頁。

　奥田「統一実質法と抵触法」『国際関係法辞典』574頁は、「統一法条約も実質法の一部であるから、抵触法を通じてのみ、渉外的法律関係に適用される。この場合、各締約国の既存の抵触法によることもあるが、通常は、統一法条約のための特別の抵触法が存在している」と述べる。そこでは、どこの締約国の統一法条約を適用すべきかという問題を解決するにあたり、特別抵触規定によるという方法のほかに、「各締約国の既存の抵触法による」という方法も認められている。そのいずれの方法をとるべきかは、統一法条約の条文や趣旨・目的によって判断するということなのであろう。そうとすると、奥田教授の見解の特色は、ウィーン売買条約などの個別的条約について解釈上特別抵触規定を見出すという点にあることになろう。

11) 同 29 頁。
12) 同 31 頁。
13) 同 47 頁。
14) 同 46 頁。
15) 同 47 頁。
16) 同 50 頁。
17) 同 89 頁。
　　それでは,「国際私法の規則は,本法に反対の規定がない限り,本法の適用に関しては排除される」と定めるハーグ売買条約の 2 条については,どのように考えるのであろうか。同・86 頁は,同規定が「国際私法の全面的排除を意図していた」のではないとみなしたうえで,次のように述べる。つまり,「法 2 条は,一般抵触規定を排除し,特別抵触規定によるべきことを定めたものと理解される。しかるに,通常は,事実関係が締約国と一定の関連を有することを適用要件とする条文が存在し,このような条文から特別抵触規定が導き出されるが…,ハーグ売買法には,このような条文が存在していない。そこで,法 2 条は,締約国が法廷地であるという以外には,全く事実関係と締約国の間に関連が存在していなくても,統一法を適用する趣旨であったと考えられる。すなわち,法廷地法主義である」,と。そこでは,統一法条約のなかに「一般抵触規定」を排除する規定があるが,「事実関係が締約国と一定の関連を有することを適用要件とする条文」がないときには,法廷地国に受容された統一法条約を適用すべきである,と考えられている。
18) 同 42 頁は,「複数の連結点がいずれも締約国にあることを要件としている」場合を「累積的連結」と呼ぶ。
19) 高杉直「国際物品売買契約に関する適用法規決定と法例 7 条,ウィーン条約及びハーグ条約の相互関係」香川法学 13 巻 4 号 159 頁。
20) 同 160-161 頁。
21) 高桑・前掲法学論叢 138 巻 4・5・6 号 55 頁は,高杉教授が「国際私法と統一法を一般法と特別法,先法と後法,上位法と下位法というような関係にあるとみること」に対して「疑問」を示す。しかし,その「疑問」を提示するための理由が必ずしも明らかにされているとはいえない。
22) 樋口陽一『憲法』98 頁によると,「『条約及び確立された国際法規』の誠実遵守を定めている日本国憲法 98 条 2 項は」,「国際法をそのまま包括的に『受容』する方式」「の一例といえる」。
　　なお,厳密に言えば,国際法規が文字通りそのまま国内裁判所によって適用されるということはありえず,何らかの形で国内法秩序に編入される必要がある。その点については,拙稿「国際法と国内法の関係についての等位理論」法学新報 105 巻 6・7 号 256 頁以下及び 277 頁を参照。もっとも,いうまでもないが,そのことは,

国際法規がそのまま国内裁判所によって適用されるという表現を使用してはならないということまでをも意味しない。一般に国際法規がそのまま国内的に適用されると記述される法現象が，厳密に考察すると，それとは異なる仕方で記述されるべきことになるということと，法政策又は法解釈の平面において思考経済などの観点からして，一般になされている仕方での記述を使用することが有用でありうるということは，まったく別問題だからである。

23)　例えば佐藤功『日本国憲法概説〈全訂新版〉』447頁によると，「条約の内容と矛盾する法律が存在することを認めることは，憲法が条約を誠実に遵守すべきことを定めていることに反する」ので，「条約と法律との効力関係については，条約が優越することが認められてよい」。

24)　広中俊雄『民法綱要第1巻総論上』45頁。

25)　同47-48頁を参照。

26)　米倉明『法学入門』222頁。

27)　曽野和明＝山手正文『国際売買法』33頁は「複数の法源体間の分配規定」と呼ぶ。

28)　高桑・前掲法学論叢138巻4・5・6号41頁，高杉・前掲157頁などを参照。

29)　高桑・前掲立教法学36号52頁及び53頁を参照。

30)　同61頁以下を参照。

31)　高桑・前掲法学論叢136巻4・5・6号82頁。

32)　石黒・前掲55頁。

33)　同56-57頁。

34)　同39頁。

35)　高桑・前掲法学論叢138巻4・5・6号54頁は，「統一法の適用に関する規定（例えば，ハーグ統一売買法第1条第1項，ウィーン売買法条約第1条第1項(a)）」を特別の「抵触規定」と呼ぶことに疑問を示す。しかし，その理由については必ずしも十分には述べられていない。また，同54頁は，統一法の適用に関する明文の規定がないときには「条約の趣旨，目的，内容等から隠れた特別抵触規定があるとみる」というのであれば，「特別抵触規定説」は「直接適用を可能とする説とかわりがない」とする。そのような論述からすると，高桑教授は，「特別抵触規定説」と「直接適用を可能とする説」との間には――統一法の適用に関する規定を抵触規定と呼ぶかどうかの違いは別として――具体的な結果についての相違がないと考えておられるように思われる。

36)　なお，折茂豊『国際私法講話』13頁は，統一手形法条約について，「おまけに，加盟諸国の間においても，統一法の特定の条文の意味について，その解釈が分かれているという事実もあるのであって，これらの諸点を考慮するときは，手形法の分野においても，今日――統一法が一応出来ていながら，なお――国際私法の必要性

がなくなっているわけではない」と述べる。そこでは，締約国間における統一法の解釈の相違という事実が「国際私法の必要性」を肯定するための一つのファクターとして援用されている。この点は，石黒教授の見解につながるものであろう。

37) 小町谷操三『統一船荷証券法論及び国際海上物品運送法註解』312-313 頁。
38) 齋藤彰「国際私法と統一法」山田＝早田編『演習国際私法（新版）』15 頁。
39) 同 15 頁。
40) 判例タイムズ 739 号 26 頁。
41) 同 26 頁。また，山手正史「ウィーン売買条約の展開」東北学院大学論集　法律学 48 巻 233 頁によると，UNCITRAL は CLOUT（Case Law on UNCITRAL Texts）という情報システムを作り，同委員会の条約等に関する各国の判決及び仲裁判断の要旨を英語で紹介するとともに，掲載紙に関する情報も提供している。
42) ウィーン売買条約に関して「あまりにもバラバラな解釈がなされる」場合には，国際私法に戻らなくても，当事者は，いわゆる実質法的指定でもってかなりの部分について対処することができるように思われる。例えば，契約締結の際に，X 国において運用されているウィーン売買条約によるという契約条項を設けることが考えられる。この場合に問題となっているのは，抵触法上の指定ではなく，ウィーン売買条約における pacta sunt servanda の原則を前提とした実質法上の指定である。
43) この点との関連では注 42 も参照。

第5章
フランスの判例における国際労働契約

1 はじめに

　国際労働契約にはいかなる国の法が適用されるべきであろうか。この問題に関しては，わが国では判例・学説の態度が分かれており，将来進むべき方向もまだ定まっていないように思われる。このような状況を克服するための予備的作業として，本章は，フランスの破毀院の判例の動向を——フランスの学説をも考慮に入れながら——分析・検討することを目的とする。フランスの判例が比較法的考察の対象として選択されたのは，フランスではわが国に比して判例が比較的に多く，しかもわが国で問題となったのとは異なるケースがしばしば判例で取り扱われていること，及びフランスの判例がわが国の学界からみても興味深い牴触規則を提示するに至っていること，による。上記のような作業により国際労働契約の法的規律のあり方に関してなにがしかの示唆を引き出すことができれば，望外の幸としなければならない。

2　フランスの判例(1)

　まず，1959年11月9日の破毀院商事部の判決[1]である。これは国際労働契約に関する牴触規則を明確に示したものとして注目された[2]。フランスの会社Lautierは1927年の契約（それは1935年の契約条項変更証書によって補充された）によってフランス人Cartonを，南アメリカ諸国の得意先を訪ねる商事代理人として採用したが，1953年に契約を解約した。そこでCartonは会社に

対して様々な補償を請求した。Aix 控訴院判決はフランス法を適用して Carton の請求を認めた。これに対して，会社は労働法の属地的な適用を主張した。破毀院は控訴院判決の言葉を借りて次のように論じた。

「労働契約はそれが履行される場所の法律によって支配されるべきこと，及び外国で集団で労働を行う労働者は属地法に服することが原則であるが，外国に派遣され，フランス所在の本社の指示を受けている労働者については，事態はまったく異なる。この場合には，この労働者に対して会社の法を適用するのに何らの実際的な困難はない。反対に，労働者が様々な国に仕事を有しているときには，労働者に適用されるべき外国の規制を決定することは困難となろう。南アメリカ諸国で活動すべき Carton の事態はそうである。したがって，ある国の法を他の国の法よりも特に優先させることには理由がない。契約が締結されたフランスに所在する会社を使用者としてもつフランス人たる資格で，Carton は，出張代理販売員として 1937 年 7 月 18 日の法律の規定に服し続けるのである」[3]。

そこにおいては，労働契約の準拠法に関して双方的な抵触規則としての労働地法主義が「原則」として提示されている。それによれば，本件では労働が外国で行われるので外国法が適用されることになるのであるが，その外国が複数にわたり，いずれか 1 カ国に特定できない。そこで，判決は一転して，上記の「原則」の例外をなすケースとして，フランス法を適用しているのである。その場合のフランス法は「企業の本拠地法」として適用されている，と解する立場がある[4]。確かに判決は「会社の法」について語ってはいるが，より実質的には，「契約が締結されたフランスに所在する会社を使用者としてもつフランス人たる資格」——即ち労働者と使用者のいずれもがフランス人であり，フランスで労働契約が締結されているという事情——が強調されているのではなかろうか[5]。実際にも，判決は「会社の法」について語るときには，労働者がフランスから外国に派遣されており，フランス所在の会社の指示の下にあるとい

う事情を援用していた。

　なお，その破毀院判決は，労働地法主義の原則とその例外を提示する際には，当事者の法選択の問題にはまったく言及していない。破毀院は国際労働契約に関しては当事者自治の原則を認めない趣旨なのであろうか，それとも当事者自治の原則を当然の前提としたうえで当事者の法選択のない場合についての規則を示したにすぎないのであろうか。この点との関連で，ここで，上記破毀院判決以前にも有力な学説が労働地法主義の原則とその例外を説いていたことに注目しておこう。例えば，Batiffolは，国際労働契約のいわゆる位置づけに際して労働地法主義及びその例外——労働者の仕事が複数の国でなされるときには労働者の結びついている営業所の法が適用されるべきであることなど——を説く際に，労働地法主義の主たる根拠を次の点にもとめていた。つまり，すべての国において立法者は労働者と使用者の関係を規制するために介入するようになり，この規制はますます重要となっている。その際の立法者の意図は，その領土内で履行されるすべての労働契約にその規制を適用することにある。かかる立法を鼓吹するのは「人間保護の思想」であり，それによれば，かかる法律は原則として国内で労働するすべての個人のために，監督可能な国内の営業所をもつすべての使用者に課せられるべきことになる。同じ思想は，外国で履行される労働契約について審理するフランスの裁判官をして，使用者が現地の規制に従うことを原則的に認めることに導く。労働契約は，このような規制の対象についても，その他の任意的又は強行的規定の対象についても，単一の法に服せしめられるべきである。法の牴触の解決の第一目標からして法体系の調和を乱す分断を避けるべきであるし，更に，立法者の意思からして必然的に属地的な規制と，たとえ国内法上は強行的なものであってもなお当事者が選択しうるものを，限界づけることは明らかに困難であるからである[6]。つまり，「人間保護の思想」から労働者と使用者の関係に課せられる国家的規制は領土内で履行される国際労働契約のすべてに適用されるが，そのような規制に属さない強行規定もそれと同様な仕方で適用されるべきである，という考えである。その際に主として念頭におかれているのは，フランス領土内で働く労働者

にはフランス法上の保護が与えられるべきである——フランス法よりも不利な内容の外国法が適用されるべきではない——ということであり[7]，外国で働く労働者には外国法上の保護が与えられるということは，そのこととの関連で付随的に言及されているにすぎないように思われる。そのような根拠からすると，労働地法主義は当事者自治の原則を排除するものとして捉えられるべきことになるのではなかろうか[8]。

そのような考えにそったものとして注目されるのは，1960年12月9日の破毀院社会部の判決[9]である。それは，1959年判決とは異なり，労働地がフランスであるケースを扱う。チェコスロバキアのMotokov商会は1951年の契約によりフランス居住のフランス人Semerivaをフランスにおける商事代理人として採用した。やがてこの契約に関して紛争が生じたので，Semerivaはフランスの裁判所に訴えた。これに対して使用者は仲裁条項の存在を援用した。Marseille民事裁判所はフランス法の適用のもとで当該契約を労働契約とみなして仲裁条項を無効としたうえで，フランス労働法典第1編29条oに基づく顧客手当（indemnité de clientèle）の諸要素を確定するための査定を命じた。これに対して会社は当事者の選択したチェコスロバキア法の適用を主張した。破毀院は次のように論じた。

「事実審裁判官は，係争の契約がもっぱら，フランスに住むSemerivaによってフランスのMarseilleで行われるべき代理の労働を対象としていることを，確認した」。フランス労働法典第1編29条k，29条q，29条rの提示する規則は「公序規定」であり，「それを完全にフランスで行われる労働に適用する」判決は正当である[10]。

そこにおいては，フランスで履行される労働契約であることを強調したうえで，当事者の法選択如何とは無関係に，仲裁条項を禁ずるフランス法上の規定を「公序規定」として適用すべきである，とされているのである。ここでは公序の観念は準拠外国法の適用を例外的に排除するために用いられているのでは

なく，フランス法の直接的適用を導くために用いられている。かくして，「ここではフランス法の適用は必然的に一方的性格を有する」[11]とか，その解決は「V. R. P. の法規の直接的適用の理念」に基づく[12]とか，いわれるのである。そのようなフランス法の適用の仕方は，まさに Batiffol が労働地法主義の正当化の際に主として念頭においていたところの，「人間保護の思想」からの国家的規制の適用の仕方と同様であろう。

ところが，破毀院は，労働地が外国であるケースについて，労働地法主義から離れていくのである。

まず，1964 年 7 月 1 日の破毀院社会部の判決[13]である。フランス人 Hakenberg はフランスの Maillard 商会との契約によりドイツで商事代理人として働いていた。やがて当該契約に関して紛争が生じ，Hakenberg はフランスの裁判所に訴えた。契約の主たる履行地も労働者の住所地もドイツであったが，破毀院はそのような事情を重視することなく，次のように論じた。

「事実審裁判官は，当事者——二人はいずれもフランス人であり，フランスで契約を締結し，紛争の審理につきフランスの裁判所に明示的に管轄権を与えていた——の意思を解釈することにより，当事者が契約をフランス法に支配させることを欲していた，と考えることができた」[14]。

そこにおいては，当事者自治の原則を前提とした上で，当事者の黙示意思を探究する，という思考方法がとられている。労働地が外国であることに考慮が払われず，労働者と使用者のいずれもがフランス人であること，契約の締結地がフランスであることなどの事情が重視され，その結果フランス法が適用されるに至っているのである。

次に，1969 年 3 月 5 日の破毀院社会部の判決[15]である。フランスの会社 Boussois-Souchon-Neuvesel とイタリア居住のイタリア人 Zanarelli がフランスで商事代理契約を締結した。それによると，Zanarelli はイタリアで仕事をすることになっていた。やがて会社が契約を解約したので，Zanarelli はフラン

スの裁判所においてフランス法に基づき顧客手当を請求した。破毀院は次のように論じた。

「Zanarelli がイタリア人でありイタリアで居住し働いていたことを確認した後に，控訴院は正当にも，1957 年 3 月 7 日の法律によって修正され労働法典第 1 編のなかに 29 条 k 以下として挿入された 1937 年 7 月 18 日の法律は当事者がそれを採用する共通の意図を有していたことが確証されたときにのみ適用されうる，と考えることができた」。係争の契約がフランス法上無効な裁判管轄条項と顧客手当の権利放棄条項を含んでいることに注目した後に，「控訴院は，当事者がフランス以外でなされる労働について契約を締結した際の意図を，主権的に解釈して，当事者が二度繰り返して明確にフランス法から逃れることを欲していた，と考えることができた。従って，合意を作成されたままに純粋に適用する——そのことは Zanarelli が顧客手当を請求することに反対する——のが適当である」[16]。

そこにおいても，当事者自治の原則を前提とした上で，当事者の黙示意思を探究する，という思考方法がとられている。そして，フランス法の不適用という当事者の黙示意思が引き出され，労働者に有利なフランス法が適用されない結果になっている。その際には，フランス法上無効な契約条項が存在することが前面に出ているが，労働者がイタリア居住のイタリア人でイタリアで労働しているという事情が確認されていたことも，考慮に入れられるべきであろう。因みに，本件においては係争の契約の準拠法がイタリア法であるのか，更に係争の契約条項がイタリア法との関係で有効であるのか，という点には言及がなされていない。フランス法が適用されないこと，及び契約をそのまま適用すべきことが論じられているにすぎないのである。そこからすると，契約はいかなる法とも無関係にそれ自体として拘束力を有するという大胆な考えが前提とされていると読めなくもないが，破毀院ははたしてそこまで考えていたのであろうか[17]。

最後に，1972年5月31日の破毀院社会部の判決[18]である。フランス人Thuillierは1957年にフランスでフランスの会社 Expand Afrique Noireによって雇傭され，Dakarで医者の助手として働くことになった。1960年6月15日に新たな契約が締結されたが，それは1960年7月1日から15カ月間を予定し，黙示的に更新されうるものであり，且つ期間満了の3カ月前に解約の通告を許すものであった。1960年6月20日にセネガルは独立した。セネガルは1961年6月15日にそれまで妥当していたフランス法を重要な点で修正する新たな労働法典を定めた。この新法典は，労働者に同一会社との間で期間の定めのある契約を更新することを禁じ，その期間を越える役務の継続を，1カ月前の予告により解約しうる期間の定めのない労働契約の履行とみなす。会社は1965年6月24日に1カ月前の予告により契約の解約を通告し，1965年7月31日にThuillierを解雇した。そこでThuillierは第4期間の満了の1965年7月1日の3カ月前に予告がなされていないので契約が黙示的に更新されたとみなして，会社に対して損害賠償の支払を求めた。会社は労働地法の適用を主張した。破毀院は，契約締結時に当事者がともにフランス国籍を有していたこと，会社がThuillierにあてた解雇の手紙がフランスで発送されたこと，及び1960年の契約において海外領土で適用されるフランス法とフランスの西アフリカで妥当する労働協約に言及がなされていたこと，に触れつつ，次のように論じた。

　1961年6月15日以後に制定され，セネガルに労働法典をもたらしたセネガルの法律は，「労働の組織化または行政的規制に関する地方的公序に属する規定であって，且つ労働者により有利なもの」については当然に適用されるが，「契約の締結場所において契約締結時に妥当しているフランス法——それは当該契約の準拠法である——によって支配される義務の特に期間及び範囲に関する契約上の本質的保障を，Thuillier嬢の犠牲において修正することができない」。「ただ一つの企業と二つ以上の期間の定めのある契約を締結すること，又は期間の定めのある労働契約を更新することを禁ずるセネガル

労働法典35条は，結果として労働者の権利を制限してはならない」[19]。

そこにおいては，当事者自治の原則が前提とされているのではなく，いわゆる契約の位置づけが試みられているのである。つまり，契約締結時の当事者の国籍，解約の手紙の発送地，当事者の意思といった手掛りから，契約の準拠法がフランス法であると帰結されている。このように労働契約の準拠法をフランス法であるとみなしたうえで，当事者の義務の期間及び範囲に関して労働地法たるセネガル法が準拠法たるフランス法上認められている労働者の権利を制限することを認めない，という立場が示されているのである。そこからは，労働契約に関しては労働地法が契約の準拠法よりも労働者に有利な場合を除いて契約の準拠法を適用すべきである，という考えが読み取られている[20]。なお，本件では労働地法たるセネガル法よりも労働者に有利なフランス法が適用されているが，それとの関連では，労働者と使用者のいずれもがフランス国籍を契約締結時に有していたこと，及び契約がフランスで締結されていたこと，に注意すべきであろう。

これまでみてきた破毀院判決の流れをとりあえずまとめておこう。まず，国際労働契約に適用されるべき法を導き出すに際して破毀院が示した法的構成は多様であることがいえる。1959年判決は労働地法主義を原則としつつも，それの妥当しない例外的ケースの存在を認め，そのケースには会社の本拠地法の適用を説き，1960年判決はフランス労働法上の強行規定を「公序規則」とみなし，その直接的適用を説き，1964年判決や1969年判決は当事者自治の原則を前提としつつ当事者の黙示意思を探究し，1972年判決は契約の位置づけにより準拠法を決定しつつも，労働地法が労働者により有利な場合にはそれを適用する可能性を否定しない。しかしながら，法的構成のそのような分裂にもかかわらず，法政策のレベルでは一定の方向性が見出されうるように思われる。まず，労働契約の履行地がフランスである場合にはつねにフランス法が適用されるべきであるという態度が示されている（1960年判決）。次に，労働地が外国である場合には，ともにフランス国籍を有する労働者と使用者がフランスで

労働契約を締結したときにはフランス法が適用され（1959年判決，1964年判決，1972年判決），労働者が外国に居住していた外国人のときにはフランス法が適用されていないのである（1969年判決）。そのような結果は偶然によるものとは思われない。

3 フランスの判例(2)

　1977年と1978年に，国際労働契約の準拠法に関する破毀院のその後の立場を決定したと一般に評される判決が現れるに至った。Monfort事件判決とAir Maroc事件判決である。以下にはそれを検討してみよう。

　まず，1977年5月25日の破毀院社会部の判決[21]である。それは労働地がフランスであるケースを扱う。フランスに居住しているベルギー人Monfortは，ロンドンに本店を有するイギリス法上の会社Sterling-Foundryと契約を締結し，フランスで鋳型販売に関する排他的代理人として労働することになった。1965年にフランスで作成された契約条項変更証書は契約に関するすべての紛争をICC仲裁規則に従って解決する旨を定めていた。Monfortは1974年の手紙により解約されたので，フランスの裁判所でフランス法たるV. R. P. の規定の定める代理人としての手数料，顧客手当，不当解約の理由からする損害賠償を請求した。これに対して会社は仲裁条項の存在を援用した。事実審裁判官はフランス法を適用して仲裁条項を無効とみなしたが，それに対して会社はイギリス法の適用を主張した。破毀院は次のように論じた。

　「事実審裁判官は，MonfortがLilleに居住していること，契約の履行地が26年間フランスであること，その結果フランス法上の労働者保護の公序規定が適用されるべきこと，を確認した。当事者の黙示意思に準拠する必要があるとしても，事実審裁判官は，最初の契約の締結地が特定不能であるが契約条項変更証書がLilleで署名されたということ，及び解約の際に会社は明示的にフランス労働法典の規定，特に1973年7月13日の法律の規定に準

拠していたこと，を指摘した」[22]。

そこにおいては，労働契約の履行地が長年にわたってフランスであることを考慮に入れつつ，フランス労働法上の労働者保護規定の「公序規定」たる性質を援用する，という態度がとられているのである。従って，双方的な抵触規定としての労働地法主義が前提とされているのではなく，1960年判決と同様に一方的抵触規定の議論が展開されているにすぎないように思われる[23]。確かに右の判決文においては当事者の黙示意思にも言及がなされてはいるが，それはあくまでも仮定の議論として，フランス法の適用という結論を補強するために付随的になされているにすぎないように思われる。

次に，1978年3月31日の破毀院社会部の判決[24]である。それは労働地が外国であるケースを扱う。フランス人 Bertin は1952年にフランスにおいて当時フランスの会社 Air France の子会社であった Air Atlas Maroc によってパイロットとして採用され，モロッコ航空運送会社（後には Royal Air Maroc）へ派遣された。やがて1971年に Bertin は解雇されたので，フランスの裁判所で損害賠償を請求した。パリ控訴院はフランス法を適用して Bertin の請求を認容したが，Royal Air Maroc は労働地を重視してモロッコ法の適用を主張した。破毀院は次のように論じた。

「フランス法に準拠するという当事者の共通の意思――そのことはフランス法がモロッコ法（たとえそれが通常適用されるべきものであったとしても）よりも労働者に有利である限りにおいて適法である――を解釈して，事実審裁判官は，フランス法を適用することによりその判決を合法的に正当化した」[25]。

そこにおいては，モロッコ法が当事者の意思と無関係に客観的に適用されるべきものであるとしても，当事者の選択した法がモロッコ法よりも労働者に有利なときにはそれが適用されるべきである，とされている。そこで，A. Lyon-

Caen は，1977 年判決では労働地法たるフランス法が適用されたことをも考慮に入れて，1978 年判決から，労働地法が——当事者の選択した法の規定が労働者により有利な場合は別として——国際労働契約の準拠法であるという立場を引き出した[26]。もっとも，1977 年判決においては一方的牴触規定が示されているにすぎず，また，1978 年判決においても通常適用されるべき法が何であるかについては具体的に述べられておらず，仮定的にモロッコ法がそれとして言及されているにすぎない[27]。いずれにせよ，1978 年判決においては，1972 年判決で示された「萌芽の形での，最も有利な法律〔の適用〕という説」[28]がより明確な形で提示されていることは，疑いない。

1978 年判決が示した定式は 1984 年 1 月 25 日の破毀院社会部の判決[29]によっても示された。それも労働地が外国であるケースを扱う。Leclerc はフランスの会社 Tous Services de Personnel によって採用され一時的にルクセンブルクで労働することになっていた。やがて当事者間に紛争が生じ，Leclerc はフランス法上認められている休暇補償手当（indemnité de repos compensateur）を請求した。Longwy 労資協調会はフランス法を適用してそれを認容した。これに対して会社はルクセンブルク法の適用を主張した。破毀院は次のように論じた。

　「会社は，当事者間に適用されるべき法は特に休暇補償については労働地法である，と主張した。労資協調会は……当事者の共通の意思を解釈し，当事者がフランスの規定に準拠することを欲していた——そのことはフランスの規定がルクセンブルク法（たとえそれが通常適用されるべきものでありうるとしても）よりも労働者に有利である限りにおいて適法である——，と指摘した。その結果，労資協調会はその決定を合法的に正当化した」[30]。

そこにおいては，会社が「労働地法」としてのルクセンブルク法を適用すべき旨を主張していることが確認されたうえで，当事者の選択したフランス法はルクセンブルク法よりも労働者にとって有利である限りにおいて適用される，

という立場が示されているのである。その意味で，1978年判決におけるよりも，当事者の選択した法と比較されるべきものが労働地法であることが，多少明確に示されているといえようか。

このようにみてくると次のようにいえよう。つまり，1977年判決（Monfort事件判決）は，労働地がフランスである場合にはフランス法上の労働者保護規定を「公序規定」として直接に適用するという，1960年判決と同様な立場を示したにすぎず，特に新たな法命題を提示したものではない[31]。1978年判決（Air Maroc 事件判決）は，労働地が外国であるケースについて，当事者の選択した法は通常適用されるべき法よりも労働者に有利である限りにおいて適用される，という法命題を提示した。ところが，この二つの判決は，A. Lyon-Caen によって，労働契約の準拠法は——当事者の選択した法の規定が労働者により有利な場合は別として——労働地法である，という一般的な法命題を提示したものと解された。そして，この A. Lyon-Caen の理解が一般に流布していくのであり，それは破毀院にも影響を与えたとされている[32]。

4　フランスの判例(3)

国際労働契約の準拠法は——当事者の選択した法のより有利な規定は別として——労働地法であるという抵触規則は，労働者に有利な取扱いという考えを前面に出すものとして，学説によっても概して好意的に受けとめられた。けれども，そのような抵触規則は労働者保護の観点からして問題を含むものであった[33]。そのことを具体的に示す二つの破毀院判決を取り上げてみよう。いずれも，労働地が外国であって，その外国法がフランス法よりも労働者に不利な規定を有するというケースを扱う。

まず，1985年11月6日の破毀院社会部の判決[34]である。1976年にフランス人農業技師たる Garnier がフランスの会社 Compagnie française de l'Afrique occidentale（C. F. A. O.）——それはその子会社 Gahna Industrial Farms（G. I. F.）の受任者として行動する旨を宣言していた——によって採用され，ガーナ

で労働をすることになった。やがて 1977 年に Garnier は G. I. F. によって契約条項及びガーナの慣行に従って 1 カ月の予告手当の支払とともに解雇されたので，C. F. A. O. に対してフランス法の認める請求を行った。パリ控訴院は，当該事件にはフランス法が適用されるべきであって，ガーナの慣行を適用すべきではないとし，2 カ月の予告手当の支払を命じた。それに対して破毀院は，このパリ控訴院判決を破毀する際に，C. F. A. O. が共同使用者たる資格を有しているとみなしつつ，次のように論じた。

「外国で履行されるものとして〔フランス人労働者が〕外国会社と締結した契約は国際労働契約であり，そして予告期間に関して当事者間に合意された条項は有効である」[35]。

その叙述からは，当該契約条項は国際労働契約であるというそれだけの理由からしていかなる法とも無関係に有効である，という意味を引き出すべきではなく，むしろ，契約の国際性は契約をフランス法の強行規定から引き離し，それを労働地法へと結びつける，という意味を読み取るべきである，と解されている[36]。契約をフランス法に服させる旨の当事者の意思にはまったく言及していないので，本件判決は理論的には労働地法としてのガーナ法を厳格に適用している，というのである[37]。そうとするならば，本件は，上記の抵触規則との関連では，労働地法がフランス法よりも労働者に不利な場合には，当事者がフランス法を選択しておかないと，たとえ労働者も使用者もフランス国籍を有していようとも，フランス法が適用されず，フランス人労働者に不利な結果が生ずる，ということを示すものであろう[38]。

次に，1987 年 5 月 7 日の破毀院社会部の判決[39]である。フランス人 Wraber は 1977 年からフランスの会社 Société des travaux d'outre-mer によって溶接工として採用され，ニジェール共和国で働くことになった。やがて Wraber は 1980 年に解雇されたので，救済を求めた。Nîmes 控訴院はフランス法を適用し，会社に様々の補償の支払を命じた。Nîmes 控訴院の判決は，破毀院の言

葉を借りると,ニジェール法を指定する準拠条項は「フランスの会社とフランス人にはフランス法が適用されるべきである旨を定める公序規定」に反する,「契約がフランスにおいてフランス国籍の二人によって締結されたので,労働契約の履行が外国でなされることはほとんど重要でない」と論じた[40]。破毀院はこの Nimes 控訴院判決を破毀したが,その際に次の点を強調した。

「労働契約がニジェール共和国で履行されることになっていたとき,使用者と労働者はニジェールに労働法典をもたらす法律……及びニジェール共和国の業種間共通の労働協約……が適用されるべきことに合意していたとき」[41]。

本件では,ニジェール共和国法がフランス法よりも労働者にとって不利であるにもかかわらず,破毀院は,労働地法がニジェール共和国法であるのみならず,当事者の選択した法もニジェール共和国法であるということからして,ニジェール共和国法を適用したのである。国際労働契約の準拠法は——当事者の選択した法の規定が労働者により有利な場合を別にして——労働地法である,という抵触規則からすれば,そのような結果になることは当然であろう。しかし,本件では,Nimes 控訴院判決も強調していたように,労働者も使用者もフランス国籍を有し,しかも労働契約はフランスで締結されているのである。このような場合に労働者にフランス法上の保護を認めないことは妥当なのであろうか。

その点との関連では,1989 年 5 月 18 日の Angers 控訴院判決[42]も注目されてよい。それは労働地が外国であるケースを取り扱うものである。1986 年 7 月 28 日に締結された,期間の定めのある契約において,フランス居住のフランス人 Albert はフランスの会社 Mineo によってサウジアラビア所在の作業場の組頭として採用された。契約によると,使用者は必要に応じて契約期間満了前に損害賠償なしで解約を通告することができた。また,契約は発効日の後に遅くとも 105 日で終了すべきことになっていた。契約関係が 105 日以上にわた

って継続していたが，会社は1987年7月3日に，契約が1987年5月27日に終了した旨をAlbertに書留郵便で伝えた。そこでAlbertは，フランス法に基づいて，当初の契約が期間の定めのない契約になったとして，予告手当，理由なき解約等のための損害賠償を請求した。ところが，契約はフランス法の適用を排除する条項を含んでいたのである。この点に関するAngers控訴院の立場はこうである。つまり，当事者は明示的にフランス法の適用を排除しているが，さればといって他のいずれの法を適用すべきかについて何らの指示も与えていない。しかし，契約は国家の法に準拠することなしには解釈されえない。Mineo会社はサウジアラビア法の適用を主張していないので，準拠法は事件の諸要素に従って決定されるべきである，と。そしてAngers控訴院は次のように論じた。

「契約はフランスにおいて，フランスに本拠を有するフランスの会社とフランスに居住するフランス人との間でサウジアラビアで行われる労働のために締結され，俸給はフランス・フランで表示され，部分的にフランスで払い込まれた。…… 契約をフランスに結びつけるこの諸要素の結合からは，契約の解約の条件に適用されるべき法は履行地とは無関係にフランス法である，ということを引き出すことができる。いずれにせよ，サウジアラビア法が適用されるべきであると仮定しても，フランスの公序は，期間の定めのある労働契約の成立及び解約の条件に関する労働者保護規定の適用を課すのである」[43]。

本件で注目されるのは，国際労働契約の準拠法は——当事者の選択した法の規定が労働者により有利な場合を別にして——労働地法である，という抵触規則からすれば，労働者に不利なサウジアラビア法を労働地法として適用すべきことになると思われるが，Angers控訴院はそのような結果に満足しないで，労働者と使用者がともにフランス国籍を有していること，及び労働契約がフランスで締結されていることを重視して，契約をフランスに位置づけ，フランス

法を適用している，ということである。しかも，その際に，仮定の議論としてではあるが，フランス法の労働者保護規定の適用を「フランスの公序」によって正当化するという観点も示しているのである。

　このようにみてくると，国際労働契約の準拠法は——当事者の選択した法の規定が労働者により有利な場合を別にして——労働地法であるという抵触規則は，労働者も使用者もフランス国籍を有し且つ契約の締結地もフランスであるというケースにおいても，時として，フランス人たる労働者にフランス法の適用を認めず，より不利な外国法の適用に導くことがある，ということが理解される。その抵触規則は，労働地法主義を原則とした上で，更に当事者に法選択を認めることにより労働者の保護を積極的に実現しようとするものであるが，使用者がその強者たる地位を利用して労働地法たる外国法よりも労働者に有利なフランス法の選択に同意しない——例えばそもそも準拠法の合意に反対するとか，フランス法の不適用の合意をするとか，労働地法の選択を押しつけるとか——ということは，十分にありうるのである[44]。上記の判例は実際にそのことを示すものであろう。

5　若干の考察

　以上，国際労働契約の準拠法に関する破毀院判決の動向を跡づけてみた。以下には，その要約的検討を試みておこう。

　今日の破毀院の立場は，1978年判決（Air Maroc 事件判決）において提示されたところの，労働者保護の観点を前面に出した抵触規則である，と一般に解されている。1978年判決以前の状態はこうである。つまり，労働地がフランスである場合にはフランス法上の労働者保護規定を「公序規定」として直接に適用するという立場がとられていたが，労働地が外国である場合には——労働地法主義や当事者自治の原則や契約の位置づけ論などという様々な法的構成が示されたが結果的には——フランス人同士がフランスで契約を締結している限りフランス法が適用されており，労働者が外国に居住する外国人のときにはフ

ランス法が適用されていなかった，と。これに対して1978年判決は，国際労働契約の準拠法は——当事者の選択した法の労働者により有利な規定は別として——労働地法であるという抵触規則を提示した，と一般に解されている。その抵触規則は，労働地法主義を原則としつつも，当事者が労働者により有利な法を選択していた場合にはその法を適用するという仕方で，労働者保護の考えを前面に出したものとして注目された。しかし，使用者の強者たる地位を考慮に入れると，そのような仕方での労働者保護には限界があり，上記の抵触規則も時として労働地法主義と同じ意義しか有しえないことになりうる。このことは，フランスで争われたケースの多くは労働地が外国であって，しかもその外国法がフランス法よりも労働者に不利であるというケースであった，という事情に鑑みると，重要である。実際にも，1978年判決以後に，労働地法たる外国法がフランス法よりも労働者にとって不利な内容を有している場合に，当事者がそもそも何らの法選択も行っていないか，又は労働地法を選択しているにすぎないために，フランスの会社と契約して外国に赴いたフランス人労働者にフランス法上の保護が認められない，という結果も生じていた。そのような結果は，1978年判決以前において破毀院が様々な法的構成の下で実質的に追求していた法政策に反するものであり，1978年判決以後においてもNîmes控訴院判決やAngers控訴院判決が別の法的構成によって回避していたところのものであった。そのような控訴院判決の法的構成のなかで注目されるのは，Nîmes控訴院判決のものである。それは，フランス人労働者がフランスの会社とフランスで労働契約を締結した場合には——労働地が外国であっても——フランス法を適用すべき旨の「公序規定」を提示する。これは，労働地がフランスである場合にフランス法を適用するために破毀院によって採用されていた法的構成に類似するものであり，興味深い[45]。

　1978年判決以来破毀院がとっていると一般にいわれている抵触規則については，当事者が労働地法よりも労働者に有利な法を選択した場合に，この二つの法のなかでいずれが本来の意味での準拠法となるのであろうか，が学者によって問われている[46]。この問題は，特に，当事者の選択した法の労働者に有利

な強行規定と労働地法の制限的な強行規定が内容的に対立する場合にはいずれを優先すべきであるか，契約締結後に法改正があった場合にそれを考慮に入れるべきか，という問題との関連で論じられている。そして，あくまでも労働地法が準拠法たり続けるとみなすときには，当事者の選択した有利な法は契約の中に編入されたものとしての意味しか有しないので，労働地法の制限的な強行規定が優先的に適用されることになり，また，当事者の選択した有利な法の法改正も——契約締結時に当事者が計算に入れていなかったので——たとえ労働者に有利なものであっても考慮に入れられないことになる，とされる[47]。しかし，もしそのような帰結を認めるならば，上記の抵触規則は結局において労働地法主義にほかならないことになろう。というのは，労働地法主義のもとでも当事者は労働地法の強行規定の枠内で労働者に有利な法を契約内容に取り込むこと——いわゆる実質法上の指定——が可能であるからである[48]。そこで，右のような帰結を避けるために，当事者の選択した法は労働者に有利なときに準拠法たる地位を取得するとみなす立場が存する[49]。このような立場に立つとしても，更に次のような問題が存する。つまり，労働地法と当事者の選択した法との間でいずれが労働者に有利であるのかを決定する作業が必要となるが，それをどのようにして行うべきなのか，である。その点については，いずれの法が全体として労働者に有利であるのかという仕方で比較がなされる——それは時として極めて微妙な判断を伴う——べきではなく，具体的に問題となっている争点ごとに比較がなされるべきである，と考えられる傾向にある[50]。そうすると，労働契約に関して問題となる事項ごとに準拠法が労働地法になったり当事者の選択した法になったりするという，いわばモザイク的な規律がなされることになり，その結果，労働者に与えられる全体としての法的保護は労働地法も当事者の選択した法も本来的には予定していないところのものとなりうるであろう[51]。

1) Rev. crit., 1960, p. 566.
2) Simon-Depitre, Note, Rev. crit., 1960, p. 570.

3) Rev. crit., 1960, p. 568.
4) Simon-Depitre, op. cit., p. 572.
5) なお，判決は Carton が外国に居住するものではなかった旨も援用する。Rev. crit., 1960, p. 568.
6) Batiffol, Les confiits de lois en matière de contrats, 1938, p. 262 et seq.

また，Batiffol は，更に，次のような根拠も挙げる。つまり，労働者と使用者の関係が展開されるのは労働地であり，それに比して契約締結地は契約との実質的な関係を欠く。また，使用者は労働地法のもとで現地従業員を一律的に取り扱うことを望ましく思うし，労働者も容易に調べることのできる労働地法が適用されることを望ましく思う。なお，労働地法は極めてしばしば企業の本拠地法と一致するが，そうでないときも，強い契約当事者よりも弱い契約当事者を保護しようとする傾向からして，企業の本拠地法を労働地法に優先させるべきではない，と。Ibid., pp. 263, 264. なお，Batiffol の見解については折茂『当事者自治の原則』144 頁以下も参照。

7) 今日においても，労働地法主義の正当化の際に，外国法の適用によって国際労働者に現地労働者とは異なる不当に少ない法的保護しか与えないことは社会的に異常なことである，という観点が強調される。Cf. Rodière, Conflits de lois en droit du travail, Droit social, 1986, p. 125.

8) Batiffol, op. cit., p. 263 は当事者の意思にも何らかの役割を認めるかのような叙述をしているが，折茂・前掲書145-146 頁は，「バティフォルの所説をその全体としてみると，そこでは，労働契約の準拠法を定めるための連結点としては，はじめから労働地にほとんど圧倒的な重要性があたえられていることをみとめざるをえないのである」と述べる。

なお，Durand et Jaussaud, Traité de droit du travail, t. 1, 1947, p. 211 は，とにかく労働の治安に関しては現地の行政的規制が適用されるので，労働地法への連結は労働関係に関する国際的な法制度を統一するという長所を有する，と述べる。しかし，Ibid., p. 211 は国際労働契約について当事者自治の原則を認めた上で，労働地を，明示的指定のない場合における当事者の意思の具体的分析の際の「最も決定的な手掛り」とみなすにすぎない。因みに，ibid., pp. 211, 212 は，労働地を重視する際の根拠としては，更に，労働契約に特徴的な従属関係が使用者と労働者の間で形成されるのは労働地においてであること，及び労働地法は同一の営業所の従業員をすべて同じ規則に服させることを可能ならしめること，を挙げる。更に，Simon-Depitre, op. cit., p. 570 は労働地を重視する際に Batiffol と同様な根拠を挙げる。

9) J. C. P., 1961, II, 12029.
10) Ibid., 12029.
11) Simon-Depitre, Note, J. C. P., 1961, II, 12029.

12) Level, Note, J. C. P., 1970, II, 16491 ; Niboyet-Hoegy, Note, Rev. crit., 1986, p. 473.
13) Rev. crit., 1966, p. 47.
14) Ibid., p. 47.
15) Rev. crit., 1970, p. 279.
16) Ibid., pp. 280-281.
17) Cf. Batiffol, Note, Rev. crit., 1970, p. 286.
18) Rev. crit., 1973, p. 683.
19) Ibid., p. 685.
20) Lagarde, Note, Rev. crit., 1973, p. 689.
　　その点との関連では，当時において破毀院社会部長であった Laroque の次のような発言が興味深い。「フランスの判例においては，〔労働契約に関する意思自治の〕この制限は特殊性を示すのであり，それは，意思自治は合意が労働者にとってより有利であるときにのみ認められる，ということである。…… 原則として，基礎をなすのが属地性（territorialité）であるが，自治は労働者により有利である限りにおいて認められる」。Laroque, in : Travaux du comité français de droit international privé, 1971-1973, p. 165.
21) Rev. crit., 1978, p. 701.
22) Ibid., p. 703.
23) Cf. Lagarde, Sur le contrat de travail international, in : Études offertes à G. Lyon-Caen, 1989, p. 86.
24) Rev. crit., 1978, p. 701.
25) Ibid., p. 704.
26) A. Lyon-Caen, Note, Rev. crit., 1978, p. 706.
27) Lagarde op. cit., p. 86 はその点を強調し，A. Lyon-Caen の立場に批判的な態度を示す。もっとも，Lagarde, Note, Rev. crit., 1986, p. 505 は A. Lyon-Caen の析出した抵触規則を 1977 年判決と 1978 年判決から引き出すことができるとみなしている。
28) Lagarde, Note, Rev. crit., 1973, p. 691.
　　A. Lyon-Caen op. cit., p. 708 も，「〔破毀院〕社会部の好ましい説の要点を構成する *favor laboratoris*」に言及する。
29) Rev. crit., 1985, p. 327.
30) Ibid., p. 328.
31) 因みに，1985 年 2 月 12 日の破毀院社会部の判決（Rev. crit., 1986, p. 469）は，1960 年判決や 1977 年判決とは多少異なる態度を示した。それは労働地がフランスであるケースを扱う。フランス人 Chauzy はイタリアの会社 Céramische Ragno とフランスで履行されるべき商事代理契約を締結した。やがて会社が解約したので，Chauzy はフランス労働法に基づき様々な賠償を請求した。会社は仲裁条項の存在

を援用したが，Rouen 控訴院は仲裁条項を無効とみなした。破毀院は，当該契約がフランス労働法のV. R. P. に関する法規の適用対象たる条件を満たしているとはいえなくても，当事者がそれによる旨を合意できたと述べつつ，「契約は，イタリアの会社とフランス居住のフランス人との間でフランスで履行されるものとして締結されているので，フランス法の規定に服していた」として仲裁条項を無効とみなした（Ibid., p. 470）。そこにおいては，結果としては労働地法でもあるフランス法が適用されているのであるが，1960 年判決や 1977 年判決におけるのとは異なりフランス法上の労働者保護規定の公序規定的性質が援用されておらず，直接的適用の理念が示されていない。さればといって，1978 年判決や 1984 年判決のような定式が示されているわけでもない。いわゆる契約の位置づけの方法が採用されているにすぎない。このような態度の理由は，本件の契約は従属関係（subordination）の存在という客観的事情に基づいて労働法の規律対象とされたのではなく，当事者の意思に基づいてその規律対象とされているにすぎない，ということにもとめられうるであろうか。Cf. Niboyet-Hoegy, Note, Rev. crit., 1986, p. 473. つまり，本件の契約は本来的にはフランス労働法の規律対象たる要件を欠くものであるので，現実の従属関係の存在を前提とする契約に関して破毀院が提示してきた抵触規則が適用されなかったのである，と解する仕方である。

32) Lagarde, op. cit., in : Études offertes à G. Lyon-Caen, 1989, p. 87 及びそこに掲げられている諸文献を参照。
33) Cf. Ibid., pp. 88-89.
34) Rev. crit., 1986, p. 501.
35) Ibid., pp. 502-503.
36) Lagarde, Note, Rev. crit., 1986, p. 506.
37) Ibid., p. 507.
38) 同様に，準拠法条項を含まない国際労働契約——フランス人 Noireaux とコートジボワール国籍の会社 Compagnie Air Afrique との間でのそれ——につき，労働者にとってフランス法よりも不利な労働地法たるコートジボワール法を適用して，フランス人労働者にフランス法上の保護を与えなかったのは，1986 年 2 月 28 日の破毀院合同部の判決（Rev. crit., 1986, p. 501）である。
39) Rev. crit., 1988, p. 78.
40) Ibid., p. 79.
41) Ibid., p. 79.
42) Rev. crit., 1990, p. 501.
43) Ibid., pp. 502-503.
44) Cf. Lagarde, Note, Rev. crit., 1986, p. 507.
45) 因みに，前述のように，Batiffol は労働契約の準拠法の決定を，労使関係に課せ

られる国家的規制の，渉外的事案への適用の仕方に一致させる方向を示すにあたり，その国家的規制は立法者の意思からしてフランスで履行されるすべての労働契約に適用される，と考えていた。しかし，それは一定の条件のもとでは，例えばフランス人労働者がフランスの会社と契約をフランスで締結した場合に，外国で履行される労働契約にも適用される，と解する余地があるのではなかろうか。そして，上記のような Bfatiffol の議論に最も適合的なのは，双方的抵触規定たる労働地法主義ではなく，まず第一にフランス労働法がいかなる渉外的事案にまで適用されるのかに関する一方的抵触規定であろう。労働地がフランスである場合の破毀院判決がそのような方向を示しているが，Nîmes 控訴院判決は労働地が外国である場合にもそのような方向を示したものとして注目されるのである。

46) Cf. Rodière, J.-Cl. dr. int., fasc. 573-1, n° 17 ; Rodière, Conflits de lois en droit du travail, Droit social, 1986, p. 121 ; Lagarde, op. cit., in : Études offertes à G. Lyon-Caen, 1989, pp. 93-94. 更に，Jacquet, Principe d'autonomie et contrats internationaux, 1983, p. 293 も参照。

47) Cf. Lagarde, op. cit., pp. 93-94.

48) この点との関連で，わが国において近時いわゆる公法理論に向けられた次のような批判に言及しておこう。つまり，公法理論によると，日本で労務給付が行われる限り外国法の適用がありえないことになるが，フランス人の間でフランスで労働契約が締結され，当事者が明示的にフランス法を選択しているときに，且つフランス法によれば解雇が無効であるが労務給付地法たる日本法によれば解雇が有効であるときには，日本法を適用して解雇を有効とすべきではなかろうか，と。木棚＝松岡＝渡辺『国際私法概論』126 頁（松岡教授）を参照。しかし，公法理論からすれば，確かに右の場合には日本法の強行規定が適用されるが，当事者によるフランス法指定行為は日本法の強行規定の枠内での実質法上の指定行為とみなされ（但しそれを準拠法指定行為とみなす可能性があることについては折茂『国際私法（各論）〔新版〕』141 頁を参照），フランス法が当事者間の契約の一部として適用されることになるのではなかろうか。そして，日本法の強行規定は当事者が上記のようなフランス法上の解雇制限を契約の中に取り込むことに反対するものではなかろう。更に，公法理論については労働地が外国である場合には日本の労働法の強行規定が適用されることがあるのか否かが問われうるが，それは当該強行規定の趣旨や目的に鑑みて決定されるべきことになろう。例えば，日本居住の日本人が日本の会社との労働契約により外国で労働する場合には日本の労働法の強行規定が適用されると解する余地も十分にあるように思われる。最後に，公法理論に対しては「民法 757 条の直接適用性が，いかなる理論的根拠によって説明されるのか」という観点からの批判もあるが（横山「法廷地為替管理法の適用に関する一考察」一橋研究 2 巻 3 号 67 頁），その批判は必ずしも正鵠を得ていないことについては，拙著『近代国際私法

の形成と展開』90-91 頁を参照。付言するに，ここでは公法理論そのものに対する賛否の態度決定は差し控えられている。
49) Cf. Lagarde, op. cit., p. 94 ; Moreau-Bourlès, L'évolution récente de la jurisprudence dans le domaine de l'expatriation des salariés, 1986, pp. 28-29.
　　但し，そのような立場では，労働地法が契約締結後に労働者に有利に改正された場合には，それが考慮に入れられないことになるのであろうか，という問題が提出されている。Lagarde, op. cit., p. 94. もっとも，労働地法と当事者の選択した法のなかからその時々において労働者に有利なものが準拠法となるというように解する余地がないであろうか。
50) Cf. Rodière, J.-Cl. dr. int., fasc. 573-1, n° 32 ; Lagarde, op. cit., p. 95 ; Heuzé, Note, Rev. crit., 1990., p. 519.
51) この点については，Lagarde, op. cit., p. 95 も，個別労働契約の準拠法の観念が完全に破壊され，「累積的な過度な保護」が与えられることになる，とみなす。更に，Heuzé, op. cit., p. 519 も参照。もっとも，労働地法も当事者の選択した法も本来的に予定していないところの法的地位が労働者に認められることになるのは当該の二つの法の強行規定が対立する場合であろう。
　　本文でのべたところは 1980 年の EC 契約準拠法条約 6 条にもあてはまろう。

第6章
国際養子縁組

1 はじめに

　養子制度は，血縁上の親子関係にないものの間に，人為的に親子関係を創設する制度である。わが国における養子制度は，基本的には，戦前では『家のため』のものとして設けられたが，戦後の民法改正により，更には昭和62年の民法の一部改正によりかなりの程度において『子のため』のものへと移行した。そして今日では，養子縁組を子の福祉という観点から捉えるべきであるという立場が一般的になりつつあるように思われる。

　それでは，わが国において国際養子縁組がなされる場合の法的規律についてはどうであろうか。この点をわが国の理論と実行の両面から検討してみる。なお，わが国では養子縁組のための子の出国についての法的規制が不十分なために，実親に十分な熟慮の機会が与えられないままに私的な養子斡旋業者によって赤ん坊が国外に連れだされることがあるので，その点に関する法的規制が重要な課題となっている[1]が，その問題は本稿では扱われない[2]。以下には，準拠法に関する動向と国際裁判管轄に関する動向を子の福祉という観点からながめてみることにする。

2　準　拠　法

　1　明治31年の改正前法例19条はその1項において「養子縁組ノ要件ハ各当事者ニ付キ其本国法ニ依リテ之ヲ定ム」と規定していた。この規定の趣旨に

ついては，久保岩太郎教授の次のような論述が参考になる。

「養子の本国法主義」は「子の本国法は最もよく子の福祉を保証するものとの考えに立脚するもの」である。「わが法例第 19 条第 1 項は『養子縁組ノ要件ハ各当事者ニ付キ其本国法ニ依リテ之ヲ定ム』と規定している。これは，養子縁組の要件は，婚姻締結の要件と同じく，当事者各自の本国の習俗及び社会状態等と緊密な関係があると見たのに基づくのである」[3]。

上の論述からすると，改正前法例 19 条 1 項は，養子縁組の要件の準拠法を定めるにあたって，「子の福祉を保証する」という観点のもとに子の利害関係を重視するのではなく，婚姻締結の要件と同じように当事者双方の立場を平等に扱うという観点のもとに養親の利害関係と養子の利害関係をともに考慮に入れるという考えに立脚したのである。そのような見方は，折茂教授によっても示されている。つまり，養親の属人法主義は「問題を，とくに親ないしその家族の利害関係を中心としてながめようとするもの」であり，養子の属人法主義は「問題をとくに子の利害関係を中心としてながめ，その保護に主要な狙いをおくもの」であり，養親の属人法と養子のそれとの併用主義は「当事者の双方の利害関係」を同時に考慮に入れるものである[4]，と。

それでは，裁判実務における改正前法例 19 条の具体的な適用状態はどうであったろうか。この点に関しては，まず，池原季雄教授が記されている次のような事実が興味深い。

「第 2 次大戦後の日本における渉外的な養子縁組のうちで多数を占める」「米国人を養親とし日本人を養子とする縁組」においては，「その大多数では，反致によることなく，養親の本国法に従って縁組の要件の具備が確かめられ」ているのみならず，反致によって米国法に代り日本法が適用され，家庭裁判所の許可審判が不要になる場合にも，「縁組が養親の本国で承認されるのを確保するために，なお敢て許可の審判をしているものがある」[5]。

折茂 豊教授も次のように述べる。

「実際にかような29条〔反致条項——筆者注〕の適用がみとめられているのは，日本においてアメリカ合衆国人が養子縁組をなす事案に関し，そうした縁組の準拠法を定める場合に多い。……いわゆる反致を承認して，アメリカ合衆国人につき日本法の適用をみとめた判例はかならずしもすくなくない。……　ただ，このように反致を承認する判例のうち，そうした承認によってアメリカ合衆国人につき準拠法として日本法を適用するとしながら，しかもなお，当面の養子縁組の有効性が当事者の本国においても承認されるようその本国法の精神を尊重すべし，とするものがあることは注目に値する」[6]。「なお，わが判例にあっては，わが国においてアメリカ合衆国人が日本人を養子とする縁組の準拠法を定めるにあたり，法例29条にはとくに顧慮をあたえることなく，養親の本国法としてアメリカ合衆国法を適用しているものが，圧倒的多数を占めているとみてよい。……　とくに，各当事者が共にアメリカ合衆国人であるごとき事案においては，大部分の判例が反致をみとめていないことに注意すべきである」[7]。

そのような論述からすると，養子縁組事件に関しては，かなり強引な仕方で反致の構成を認めて本来適用されるべきアメリカ法に代えて日本法を適用するという傾向が認められた離婚事件の場合とは異なり，法例の本来の建前に従い本国法たるアメリカ法をそのまま適用するという傾向が認められる，ということになろう。そこでは，近い将来に養親子の生活の本拠が置かれるアメリカで養子縁組の効力が否定されることがないようにという観点から，子の福祉が考慮に入れられていたのではないか，と推測することができる。その点は，「反致をみとむべしとしながら，実際にはそれをみとめていないもの」[8]と評される若干の裁判例からして明らかである。例えば，東京家庭裁判所審判昭和36年7月18日[9]をみてみよう。事案は，日本に居住する米国（テキサス州）人が，日本に居住する妻の米国国籍の実子とカナダ（オンタリオ州）国籍の実子

を養子とするものであった。裁判所は，本来の準拠法所属国たる米国とカナダからの日本法への反致を一応認めるのであるが，実際には準拠法たる日本民法798条但書——それは本件のような妻のいわゆる連れ子の場合に家庭裁判所の許可を要求しない——を適用することなく，縁組許可の審判をするにあたり，次のように述べる。

　「本国法には，民法第798条第2項のような例外規定がなく，配偶者の子を養子とする場合にも裁判所において養子決定を受けなければならないとされている。そこで当裁判所は，かかる場合申立人らの養子縁組が，その本国においても有効に成立したものとして承認されるよう，その本国法の精神を尊重し」，縁組許可の審判をする。

　しかし，日本においてわが国の家庭裁判所がアメリカ法を適用するという場合に，大きな困難が存する。つまり，アメリカ法では養子縁組は養子決定によって成立するが，そのような養子決定を行う手続的基盤がわが国には存しないのではないのか，という問題である。この点は，つとに池原教授によって次のように指摘されていた。

　「準拠法たる本国法によれば，養子縁組は裁判所の決定（decree, order）によって成立するものとされている場合……当該外国法の解釈として，一般的には，それ自ら養親子関係を成立せしめる養子決定は，縁組は私人間の合意によって成立することを前提とする日本法上の許可の審判によっては，代え得ないものと解すべきであろう。また，わが家事審判規則ないし非訟事件手続法の上からも『許可の審判』とは法的性質を異にする，『養子決定』という手続の類型を認めることは難かしいであろう。従って，この場合は，わが国の裁判所で，本国法に従って縁組することは不可能となろう」[10]。

　そこにおいては，アメリカ法が養子縁組を裁判所の決定によって成立させる

という形式的な側面が重視されている。そして，わが国ではそのような手続類型が存在しないので，本来の準拠法たるアメリカ法を適用できない，とされているのである。そのように許可の手続と決定の手続の相違に力点をおくことになると，本来の準拠法の適用を回避することに対する抵抗感も少なくなって，隠れた反致の構成による日本法の適用という方向に赴くことへの道もひらかれることになり，また，隠れた反致の構成に反致論の観点からの不備を感ずる者においては，許可の手続と決定の手続の相違の相対化によるアメリカ法の適用という方向が目指されることになる。前者との関連では，山田鐐一教授が指摘される，「アメリカ人を当事者とする養子縁組については，隠れた反致によって日本法を適用している判例がすこぶる多く……，これを支持する学者も少なくない」[11]という事実——そして教授自身はアメリカ法との関係で「『隠れた反致』は，理論的にみて必ずしも不当とはいいがた」[12]いとする——が興味深い。後者の方向との関連では，例えば，山田教授は，「養子決定もわが家庭裁判所の許可の審判も，その目的は子を保護して養子縁組を慎重にするという点では実質的に同じであり，かつ裁判所の審理の権限，範囲の点でも実質的な差異はない」として，「本国法上の養子決定の制度の趣旨にそうよう，わが家事審判法の手続を適応せしめて，わが家庭裁判所において養子決定をなすことができるものと解してよいであろう」[13]とされる。それとの関連では，特に，「実務の大勢」[14]が従ってきたとされるいわゆる分解理論が言及されるべきであろう。つまり，準拠法たる外国法が要求する養子決定をそのまま実施するような手続的枠組がわが国には存在しないので，養子決定手続を，養子縁組の実質的成立要件の部分に関して国家機関が審査する部分と，国家機関が養子縁組を成立させる部分に分解して，前者については家庭裁判所の縁組許可の審判に代行させ，後者については方式の準拠法たる日本法に基づく届出を戸籍官庁が受理するという手続に代行させる，とするものである。例えば，宮崎家裁昭和42年4月4日審判[15]は，カナダ人夫婦と日本人たる未成年者との養子縁組に関して，「養子決定は，養子縁組を成立させる方式の部分と養子縁組の実質的要件を審査する部分とに分けて考えうるもの」である，と解する。そして，「前者の方

式については，日本国法例8条2項により行為地法たる日本法の方式，すなわち戸籍管掌者に対する養子縁組の届出によって代えうべきものであり，後者の要件審査については，これと類似の機能を有するわが国の許可審判手続によって代行しうるものと解する」と述べる。これは「決定型に属する外国法により，わが国で養子縁組を成立させるための便法として実務上考え出された理論」であるが，それに対しては「縁組はあくまで届出によって成立するとするのであるから，決定型の本国法を適用したことにはならない」[16]という批判がある。確かに，養子縁組の成立を裁判所の決定によらしめずに，戸籍官庁の届出受理の手続によらしめるという点においては，決定型の本国法をそのまま適用したことにはならないかもしれないが，それはわが国の手続的枠組のなかで本国法の趣旨をなんとか実現しようとしたために手続の平面において余儀なくされた多少の変容なのであって，それほど重大な問題ではないように思われる。むしろ，分解理論に関して問題とされるべきなのは，養子縁組の実質的成立要件の部分に関する審査を家庭裁判所の縁組許可審判に代行させるという点であろう。つまり，英米の養子決定手続は，養子縁組の実質的成立要件の部分に関する審査の際には，昭和62年の法改正によりわが国で認められた家庭裁判所の審判による縁組の手続からしても推測できるように，一定期間の試験的養育及び専門家による調査などを前提とするものであり，子の福祉という観点からしてわが国における従来の契約型の養子縁組のための家庭裁判所による許可の審判の手続とは，かなり異なるのである。したがって，家庭裁判所の許可の審判により代行させるにあたっては，そのことをよく承知したうえで，通常の許可の審判とは異なるかなり面倒な作業に取りかかるべきなのである。この点についてはつとに海老沢美広教授が次のような形で指摘されていた。

「国際私法上準拠法がアメリカ法となる場合に，わが国の家庭裁判所がアメリカの養子決定手続を代行できるというのは，いささか楽天的すぎないか。いったい，アメリカの裁判所で現実に行われている調査，試験観察及び許可基準と切り離してアメリカ法を適用して，それでアメリカ法を適用した

ことになるのだろうか」[17]。

　もしこれまで実務が準拠法たる外国法の要求する養子決定を日本で代行する際に右の点を十分に意識していないとするならば，分解理論のような法的構成は，子の福祉の観点からの十分なチェックを要求するアメリカの養子決定手続の重要な（実質的な）部分を適用せずに，単なるつじつまあわせをするだけで，結局は日本法の『許可の審判』手続の適用をもたらすにすぎないということになろう。

　その点との関連で興味深いのは，家庭裁判月報に登載された昭和34年度の三つの離縁の調停例である。まず，昭和34年5月19日の横浜家裁横須賀支部の調停例[18]である。アメリカ人夫婦が昭和33年9月に日本人未成年者と養子縁組をしたのであるが，養子が養親の家庭に馴れることなく，養親と養子の間には親子の愛情の湧く望みはないので，昭和34年1月にもとの家庭に養子を帰したというケースであった。つぎに，昭和34年6月11日の福岡家裁の調停例[19]である。アメリカ人夫婦が昭和33年12月に日本人未成年者と養子縁組をしたのであるが，その後養子が知能の発育不完全で米国に引き取って教育しようとの養親の意図が達成されないことが判明したというケースである。最後に，昭和34年8月17日の横浜家裁の調停例[20]である。アメリカ人夫婦が昭和33年9月に日本人未成年者と養子縁組をしたのであるが，その後養子の知能がおくれていることが判明して，このまま渡米したのでは養親の一生のお荷物となること疑いないという理由が申し立てられているケースである。

　これらのケースは，海老沢教授が指摘しておられるように，「初めになされた縁組の許可に問題があると思われるもの，すなわち，縁組の許可がもう少し慎重になされていれば十分避けることができたのではないのかと思われるもの」であり，「おそらくこの種の縁組手続が米本国でなされたとしたら——そこでの縁組審査は，公私の社会機関による調査，試験的同居を経るなど通常綿密をきわめ，許可の基準も厳しいというから——そう早々とは許可にならなかったにちがいない」[21]。

このようにみてくると，これまでの実務については，準拠法たる外国法が日本法よりも子の福祉という観点からして優れていると思われる養子決定の手続を定めているときに，その趣旨を十分に理解しないで——反致の法的構成を使用する場合はもちろんのこと，分解理論に基づいて外国の養子決定手続を日本の家庭裁判所及び戸籍官庁により代行するといわれる場合においても——実質的には日本法の許可の審判の手続的枠組でもって比較的に簡単に処理する傾向にあったのではないのか，という疑いが生ずる。もしそうとするならば，法例が子の福祉という観点からして日本法よりも適切と思われる外国法を適用する機会を与えていたにもかかわらず，実務はそれを十分に生かしきれなかった，ということになろう。

2 ところで，昭和47年に「法例改正要綱試案（親子の部）」が示された。その11条本案では，養子縁組の要件について，養親の属人法主義が採用された。山田教授は「養親子の生活の営まれる地が養親の属人法国であるのが普通であり，したがって，養子縁組の成立には，その国の法の定める要件を具備することが必要であるという理由による」と説明している[22]。また，同条本案の但書は，「養子となるために必要とされる同意及び公的機関の関与に関する要件は，その属人法による〔要件をも具備することを要する〕」としていた。山田教授によると，その但書におけるカッコ書きは「養子縁組の成立をできるだけ慎重にし，それによって子の保護を考慮しようとの立場」を示すものである[23]。そして，その11条本案で表明された準則は，平成元年の法例の一部改正の際に基本的に継承されていったようである。

平成元年の法例の一部改正は，養子縁組の実質的成立要件について従来の各当事者の本国法の配分的適用主義を廃止した。従来の配分的適用主義については，ある起草者の言葉によると「準拠法の適用関係が複雑であったり，また，養子縁組の成立が容易でないこともあったので，これを改め」[24]ることになった。従来，配分的適用主義の立場では，「養子と養親の双方に関わる双方的要件について両準拠法の累積的適用と同じ結果を招き，養子縁組の成立が困難に

なるとともに，一方的要件と双方的要件への振り分けの困難，実質法自体が契約型と決定型に分かれていることから生じる準拠法適用の複雑化などに問題がある」[25]とされてきたからである。そして，各当事者の本国法の配分的適用主義に代わるものとして，養親の本国法主義が20条1項前段において採用された。即ち，「養子縁組ハ縁組ノ当時ノ養親ノ本国法ニ依ル」，と。「最もよく子の福祉を保証するものとの考えに立脚する」（久保教授）——「子……の保護に主要な狙いをおく」（折茂教授）——養子の本国法主義が，原則的なものとしては採用されていないのである。確かに人の身分や能力の問題に関してはその人の属人法を適用することがその人の利益又は保護になる，という命題そのものは検討を要する——ときとして「子の保護の観点から」子の本国法主義を採用するという立場に対しては「子の本国法の内容いかんによっては，他の法律の適用がかえって子の保護によりかなう場合があるから……実質的な意味での子の保護という観点から，これを正当化することはできないというべきである」[26]と述べられることがあるが，従来当事者の保護の名のもとにその者の本国法主義が採用される際には必ずしも常にそれが当該人物に有利な訴訟結果をもたらすことが考えられていたのではない[27]——ように思われる。しかし，法例の基本的考えはそのような命題を前提とするものである（例えば行為能力に関する法例3条1項，親子間の法律関係に関する法例21条，後見に関する法例24条1項を参照）。昭和47年「法例改正要綱試案（親子の部）」の13条本案では，「養親子間の法律関係は，養子の属人法による」となっているが，山田教授はそれを，「子の利益保護を考慮したものであ」ると説明されているので[28]，同様な思考方法が採用されているものと思われる。したがって，準拠法の選択という平面において，法例20条1項前段は子の利益を重視するという立場をとらなかったと解することができよう。そのことは，同条同項後段が「養子若シクハ第三者ノ承諾若シクハ同意又ハ公ノ機関ノ許可其他ノ処分」に関しては更に「養子ノ本国法」をも重複的に適用するとしていることについての，起草者の一人の説明からも分かる。いわく，「これは配分的適用主義を廃止した結果，子の保護に欠ける点が生ずることを避けようとしたものである」

る[29]。つまり，前段において，改正前とは異なり養親の本国法のみの適用が定められ，子の本国法の適用が認められないことになったが，それでは「子の保護に欠ける」ことになるので，一定の範囲で子の本国法の適用を定めた，という趣旨である。そこでは，子の本国法の適用が子の利益・保護になる，という考えが前提とされている。同様な趣旨は，他の起草委員によっても次のように述べられている。「縁組に関する準拠法を養親の本国法に単一化したため，養子やその実親など養子の側が，その本国法のもとで当然に期待できる諸権利が全く無視される結果になる恐れがある。これを救うため，この点に関し特に養子の本国法を重ねて適用することになっている」[30]。それでは，いかなる理由から養親の本国法主義が原則的な建前として採用されたのであろうか。その点については，起草者の一人は「近時の多くの立法例が養親の本国法主義を採っていること」を指摘しつつ，次のように述べている。

「養親の本国法主義は，養親子の生活が営まれる地は養親の属人法国であるのが通常であって，養子縁組の成立には，その国の法律が定める要件を具備することが必要であること，養子縁組の成立によって養子は養親の家族の構成員になることなどがその根拠になっている」[31]。

そこでは，養親の本国法主義の根拠として2点があげられているように思われる。第一は，「養親子の生活が営まれる地は養親の属人法国であるのが通常であ」る，という点である。起草者の他の一人も，養親の本国法主義の理由の一つとして，養子は「縁組後は養親との共同生活に入ることが通例である」[32]ということをあげている。先にもみたように，「法例改正要綱試案（親子の部）」11条本案における養親の属人法主義に関する山田教授の説明も，その根拠のみに言及していたのである。この根拠に関しては，養子縁組の成立について準拠法を決定するにあたり，縁組が成立した後に当事者が通常生活する地を重視するのは何故なのか，という問題が提出されうる。つまり，養子縁組の成立後に当事者が生活するのは養親の本国とはかぎらない——それ故に「通常」とか

「通例」とかいう限定句が用いられるのであろう——が、その点はさておいても、ここで問題になっているのは養子縁組を成立させるか否かであり、そうとするならば——かつてのような配分的適用主義を準拠法の適用関係を複雑ならしめるものとして拒否するという立場をとるかぎり——伝統的な属人法主義の思考方法からすると養子の利益を重視して養子の本国法主義を採用するのか、養親の利益を重視して養親の本国法主義を採用するのか、などという問題の立て方になるのではなかろうか。養子縁組の成立の問題につき縁組後の生活地の法を適用すべしとする見解はいかなる法政策に基づくものなのであろうか。その点は、婚姻の成立の場合に関する準拠法の定め方との整合性という観点からも、問題とされうるように思われる。つまり、婚姻の成立の問題につき婚姻後の生活地の法を適用すべしとする見解はわが法例においては採用されていないのである。なお、上記の根拠の背後には、ひょっとしたら縁組後の「通常」の生活地と予想される国において縁組が承認されるようにという考慮が働いているのかもしれない。しかし、一般に外国養子縁組の承認に関して養親の本国は自国法の適用を要件として掲げているのであろうか。更に、縁組後の生活地での承認を重視するならば、正面からそれを踏まえた準則——例えば縁組後の生活地と目される国で承認されないような縁組はたとえ準拠法上有効に成立しえても許されない旨の準則——を設けるのが筋ではなかろうか。いずれにせよ、法例は20条1項の養親の本国法主義に関して32条の反致の可能性を認めているので、養親の本国法主義にそれほど固執しているのではないと解される。そうとすると、法例は、養親の本国で承認されるためには養親の本国法を適用しなければならないという考えにこだわっているのでもない、ということになろう。第二は、「養子縁組の成立によって養子は養親の家族の構成員になる」という点である。これは養親の本国法主義を正当化するための根拠としてあげられているのであるが、具体的にはいかなる趣旨なのであろうか。養子縁組は法的には養子を養親の家族の構成員とするので養親の利害に関わるから、養子縁組の成立の準拠法決定の際には養親の利益を重視すべきであるという考えであろうか。なお、上記に引用した起草者の一人の論述においては、養親の本国法

主義の根拠として上記の2点をあげる際に，更に，「など」という言葉が付加されている。その内容を示唆するものとして，別の起草者の一人が養親の本国法主義を正当化する際に述べている次のような論述が注目される。

「近時は縁組を契機として，養子に養親の国籍を自動的に付与する国が少なくなく，縁組の成否は養親の国民の範囲を左右する実質を持つことになる」[33]。

そこでは，養子縁組の成立要件の準拠法を決定する際には，縁組により養子が国籍を取得することになる可能性のある国家の利害を考慮に入れるべきである，という趣旨が説かれている。したがって，養子や養親などの利益・保護とは別の次元の観点であり，おそらく法例の準拠法決定に際して中心的な課題となるべきものではなかろう。

このようにみてくると，平成元年の法例の一部改正の際に，20条1項前段において養子縁組の実質的成立要件の準拠法に関する原則的な建前として養親の本国法主義が採用されるにあたり，重視されるべきは養子の利益ではなく養親の利益であるという立場が示されているということになろう。そして，その結果，養子の利益がなおざりになることをおそれて，同条同項後段において一定の事項について養子の本国法を追加的に適用するという立場が示されているのである。この点は，近時の養子法の動向——『家のため』又は『親のため』から『子のため』へ——を考慮に入れると，多少の意外性を示すものといえよう。

次には，上記のような法例20条につき，その具体的適用に関して簡単に言及しておこう。ここでも，解釈論的な問題のすべてが検討されるのではない。子の福祉という観点から重要と思われる若干の問題のみが取り扱われる。

まず，準拠外国法が養子決定を要求している場合の処理の仕方である。わが国では昭和62年の法改正により家庭裁判所は普通養子よりも厳格で効果の強い特別養子を成立させる権限を取得した以上（家事審判法9条1項甲類8号の

2)，普通養子縁組についても，許可の審判によって準拠外国法の養子決定を代行できると解されるようになり[34]，実務もそれに従う方向で動いているようである（平成元年10月2日法務省民2第3900号の第5，2(1)ア）。学説も，「現在では，家庭裁判所において外国法上の普通養子を成立させることができるとの結論についてはほぼ異論はない」[35]といわれている。しかし，先にも述べたように，子の福祉からして重要なのは，わが国での養子決定代行の可能性そのものではなく，外国の養子決定制度の趣旨——それは一般にわが国の許可の審判の制度の趣旨とはかなり異なり，裁判所の決定による縁組の成立という手続のみならず子の福祉のための綿密な調査及び審査の手続をも要求している——を正確に理解してそれをできるだけ完全に実現するという姿勢であろう。したがって，子の福祉のためにも，養子決定制度とわが国の養子縁組許可の審判の制度が実質的に同じであるとして，後者をほとんどそのまま利用するというようなことは慎むべきであろう。最近の裁判例においてこの点で参考になるのは，千葉家裁市川出張所平成元年6月23日審判[36]や盛岡家裁平成3年12月16日審判[37]であり，それらは，カナダのブリティッシュ・コロンビア州の養子決定手続やフィリピン法の養子決定手続を比較的に詳細に紹介したうえで，それの許可の審判による代行を試みている。これに対して，盛岡家裁平成2年8月6日審判[38]や水戸家裁土浦支部平成11年2月15日審判[39]——それらは20条1項後段による子の本国法の適用に関するものであるが——は，イリノイ州法上の養子決定やフィリピン法上の養子決定をわが国の家庭裁判所のする養子縁組許可の審判によって代行させる際に，養子決定手続の詳細についてはほとんど言及をしていない。

次に，法例20条1項後段の規定が子の本国法の適用を命ずる事項のひとつである「公ノ機関ノ許可其他ノ処分」の内容に，養子決定を含ませるべきか否かが，問題となっている。ここで山形家長井出平成5年6月8日審判[40]を例にとって問題の所在を明らかにしよう。同審判は，日本人夫がフィリピン人妻の連れ子（フィリピン人）を養子とする養子縁組許可申立事件において，20条1項後段の規定により適用されるべき養子の本国法たるフィリピン法につき，

「最低6ヵ月間の試験監護期間を経た後、これによって子の最善の利益が促進されると判断される場合に」のみ裁判所の決定を認めている旨を明らかにし、それの適用を試みた。これに対して、20条1項後段の「公ノ機関ノ許可其他ノ処分」は「養子若クハ第三者ノ承諾若クハ同意」に関わるものに限定すべきであるとして、「例えば、いわゆる養子決定や日本民法798条の規定の家庭裁判所の許可」を含まないと解する立場がある[41]。それによると、先の審判はしてはいけないことをしたという批判を受けることになろう。それでは、何故にそのように20条1項後段の規定を制限的に解釈するのであろうか。その理由は、国際養子縁組成立の「容易化の要請」を重視するという観点に見出されているようである。また、20条1項後段の規定による子の本国法の適用範囲を、公的機関の関与の必要性の問題にのみ限定すべきであるとして、上記の審判を「行き過ぎである」と批判する立場[42]も、同様な観点に立脚しているように思われる[43]。しかし、養子決定制度は一般論としては子の福祉のための綿密な手続を定め、厳格な基準を設けているといわれるのであり、養親の本国法が試験的監護期間を定めていないような場合などを考慮に入れると、上記のような解釈は子福祉という観点からして好ましくないのではなかろうか。この点、起草者であった二人の者がいずれも上記の審判の立場を支持する方向の解釈を展開していることが注目される[44]。

　最後に、最近のものに限定して、子の福祉を理由に公序則を発動した裁判例に言及しておこう[45]。

　まず、神戸家裁平成7年5月10日審判[46]である。日本国籍をもつ夫と中国国籍をもつ妻が、共同で日本国籍をもつ未成年者2名と養子縁組をすることの許可を求めた事案において、養親は1名の子女のみと縁組をすることができるとする中国法の適用を、法例33条の公序に反するとみなした。その際に、養親子の将来の生活地である日本が「一人っ子政策」を採用していない旨、及び「年令も近い兄弟である未成年者らを切り離していずれか一方だけについて養子縁組を許可する」ことは「子の福祉を目的とする未成年者養子制度の趣旨をいちじるしくそこなう」旨を指摘している。

次に，東京家裁平成7年11月20日審判[47]である。日本国籍をもつ妻とエジプト国籍のイスラム教徒たる夫が，日本国籍をもつ未成年者を特別養子とすることの審判を申し立てた事案において，イスラム教徒に養子縁組を禁止するエジプト法の適用を，法例33条の公序に反するとみなした。その際に，未成年者がすでに長期間にわたって良好な関係において本件夫婦によって養育されているので，エジプト法を適用してこのような関係を切断することは未成年者の「将来にとって不幸な悪影響をもたらす重大な一因となりかねない」ということが指摘されている。

最後に，水戸家裁土浦支部平成11年2月15日審判[48]である。日本国籍の夫とフィリピン国籍の妻が，妻の非嫡出子（フィリピン国籍）を養子とする事案において，法例20条1項後段により養子の本国法たるフィリピン法を適用するにあたり，「養親の嫡出子で10歳以上の者」の同意書の提出を要求するフィリピン法の適用を，法例33条の公序に反するとみなした。その際には，養親の10歳以上の嫡出子の同意がないことの一事を理由に養子縁組を認めないことは，来日して日が浅く，義務教育就学中の子供の「福祉を著しく害することは明白である」と指摘されている。

そのような裁判例からは，いうまでもないことではあるが，法例33条の公序則は準拠外国法が実質法的な平面での子の福祉を実現するのに有害なときにそれを回避する手段として機能しうるということが読み取られる[49]。

3　国際裁判管轄

養子縁組の国際裁判管轄については，わが国の法律のなかに直接に定める規定がない。江川英文教授は，その点について次のように述べている。

「裁判所の確認，許可等を要する場合については，それの国際私法的意味における管轄権が問題となる。すなわち，日本の裁判所はいかなる場合に右の管轄権をもつか……が問題となる。これは国際的養子縁組ということがら

の性質からみて，恐らく，養子または養親の住所所属国の裁判所にその管轄があると解するのが妥当であろう。従つて，養子または養親の住所が日本にある場合に，わが国の裁判所は右の確認，許可等の管轄権があると解すべきであろう」[50]。

そこでは，養子又は養親の住所地国に国際裁判管轄を認めるという立場が示されているが，その際の理由が明確にはされていない。「国際的養子縁組ということがらの性質」のみが援用されているからである。

池原教授も，結論的には同様な態度を示され，次のように述べられる。

「先ず，養子の住所のある国の裁判所の管轄権を認めることの合理性については異論がなく，わが家事審判規則 63 条も同様な考慮によるものと思われる。他方，縁組が果して当を得たものであるか否かは，養親側の条件に関するところが少なくなく，また，多くの場合に彼等の将来の生活は養親の住所において行われるものと考えられる故，養親の住所国の裁判所の判断に俟つべきものが多いと考えられる。そこで，養子の住所国および養親のそれの選択的専属管轄（米国法はこれを採る），養子または養親の住所国の専属管轄（ドイツ法はドイツ人に関する限り後者を採る），或いは養親子の住所がともに所在する国の専属管轄（英国法は大体これに似ている）等のうち，何れを採るべきかが問題になろう。その決定は，国際的に養子制度に対し，積極的であるか，または消極的であるかとも関係するであろう。しかし，少なくとも文明諸国では，養子制度は子の福祉を目的としており，また，国際私法の面において準拠法として養子の属人法が顧慮される機会が保障されている限り，国際非訟事件手続法上の養子縁組の確認，決定等の管轄権の分配に当たつては，より自由な態度を採り，養子あるいは養親の住所の国の何れにも，管轄権を認めてよいのではなかろうか」[51]。

そこでは，養子又は養親の住所地国に国際裁判管轄を認めるという立場が示

されているが，その理由は必ずしも明晰ではない。しかし，全体からすると次のように考えられているように思われる。つまり，「子の福祉」のためには「養親子の住所がともに所在する国の専属管轄（英国法は大体これに似ている）」というのが好ましいかもしれないが，準拠法のレベルで「養子の属人法が顧慮される機会が保障されている限り」，「養子あるいは養親の住所の国の何れにも，管轄権を認めて」も十分であり，また，「国際的に養子制度に対し，積極的である」べきである，と。そして，その際には，養親の住所地国に国際裁判管轄を認める根拠として，養親の住所地国の裁判所は養親側の条件に関する判断を適切になしうる，という点があげられているように思われる。

　結論的には，山田教授も類似の立場を示される。教授は次のように述べられる。

　「養親となる者の住所地国の管轄権を認める根拠と，養子の住所地国の管轄権を認める根拠とはかなり異なる。養親となる者の住所地国の管轄権を認めるのは，養親子の生活が将来養親の住所地国で営まれることが多いという理由によるものであるのに対し，養子となる者の住所地国の管轄権を認めるのは，養子の福祉を目的とする養子制度の本質にもとづき養子を中心に考える結果である」[52]。

そこでは，まず，養親子の生活が将来養親の住所地国で営まれることが多いので，「その国の裁判所が養親の家庭における養子の福祉をもっともよく判断できる」ことが考えられている[53]。つぎに，養子の福祉の観点からすると養子の住所地国に管轄権を認めるべきことになるものとされているが，その点については必ずしも十分には説明されていないように思われる。

　上記のように，養子縁組の許可・決定の国際裁判管轄について養親の住所地国にも養子の住所地国にも国際裁判管轄を認める立場が，わが国における「現在の判例及び学説の多数」[54]なのであるが，その立場を正当化しようとするならば，おそらく次のようなことになろう。つまり，今日では養子縁組に関して

は何よりも子の福祉を図ることが大切であるという点については異論がなく，そのことは国際裁判管轄の問題についても指針となるべきであるように思われるが，「子の福祉という観点からすると子の要保護性に関する判断と養親の側の適格性に関する判断が重要となるが，一応，前者の判断を適切になしうるのが子供の住所地国の裁判所であり後者の判断を適切になしうるのが養親の住所地国であると考えられよう」[55]。もっとも，そのような観点からすると，多数説にも一定の限界があるということになろう。というのは，多数説によると，子供の住所地のみを理由に国際裁判管轄を肯定することも，養親の住所地のみを理由に国際裁判管轄を肯定することも，可能ということになるが，前者の場合には上記のような子供の福祉という観点からすると養親の側の適格性の判断が適切になされうるかどうかという点がおぼつかないことになり，後者の場合には子供の要保護性の判断が適切になされうるかどうかがおぼつかないということになるからである[56]。そこで，先に述べたような観点からすると，養子となるべき者の住所地であるのみならず養親となるべき者の住所地でもある国の裁判所にのみ国際裁判管轄を認めるべきであるということになりそうである。実際にも，川上太郎教授はそのような立場を基本的に採用しておられるように思われる。教授は次のように述べられる。

「日本国裁判所の縁組許可についての管轄権は，養親たるべき者及び養子たるべき者の双方がともに日本国に居住しており，かつ養親たるべき者の本国が日本でなされた養子縁組許可の効力を承認する場合においてのみ肯定されるべきものである」[57]。

そのように国際裁判管轄を子供の住所地国と養親の住所地国が同一である場合に限定することは，当事者の便宜からするとあまりにも窮屈すぎると考えたのが多数説と思われる。しかし，多数説にも先に述べたような懸念がぬぐいきれない。そこで妥協点を見出すことになるのであるが，その点に関する川上教授の立場はこうである。

「子供の幸福利益をはかるためにはその子を他人の養子縁組にすることが最も望ましく，その緊急の必要があるという事情」の場合には，「養子となるべき子が現に日本に居住しておりさえすれば，それだけで，その者を養子とする縁組の許可について日本国裁判所の裁判管轄を認めるべきであ」る[58]。

しかし，そのような緊急管轄的なものではまだ狭すぎると考えるのであれば，それをもう半歩進めた次のような立場も検討に値しよう。

先にみたような子供の福祉という観点のもとにあっても，当事者の便宜のために多少譲歩して，養子となるべき者の要保護性を最も適切に判断しうる国と，養親となるべき者の適格性を最も適切に判断しうる国とのいずれかひとつを選択すべきであるとするならば，やはり前者が優先されるべきであろう。換言すれば，子供が『国際』養子縁組による保護を実際に必要としているのか否かという点に関する適切な判断こそが，問題の出発点たるべきであろう——その意味で，川上教授も先にみたように緊急管轄的なものを認められるにあたり子供の居住地が日本にあることを条件としておられ，養親の居住地が日本にあることを条件としておられなかったことが，興味深い——。子の要保護性に関して適切な判断がなされうることが十分には期待できない養親の住所地国に裁判管轄を認めることは，やはり問題なのではなかろうか。また，未成年者の保護に最も強い利害関係を有しているのは未成年者の居住地であり，しかもそれが法的にも正当なものとみなされる傾向にあることは，特にハーグ未成年者保護条約などをみても明らかである。このようにみてくると，多数説とは異なり，養子の住所地国に裁判管轄を認めるのを原則とすべきであろう。養親の住所地国に裁判管轄を認めないとすることは，要するに，外国に居住する子供がわが国に居住する者によって養子とされる場合につきわが国の国際裁判管轄を否定することであり，そのことは，子の福祉の観点からのみならず子の保護に最も強い利害関係を有する国家の利益からいっても，是認されうるのではなかろうか。因みに，「養子となる者が日本に住所も常居所もない場合に申立を認めた事例は判例集では見当らない」[59]といわれている。

このような観点からすると，千葉家裁市川出張所平成元年6月23日審判[60]

が注目される。それは，カナダ在住のカナダ人と日本人の夫婦が日本に常居所を有する未成年者につき養子縁組の許可を求めた事例に関して，国際裁判管轄を認めるに際して次のように判示した。

「養子縁組事件に関しては養子となる者の福祉を主眼としてこれを審理・判断すべきことが近代養子法の理想であるとの原則が一般的かつ国際的に承認されていることからすると，原則として，その国際裁判管轄は，養子となる者の常居所地に属すると解される」。

そこでは，「養子となる者の福祉」を理由に「原則として」「養子となる者の常居所地」主義を採用する，という立場が示されているのである。

また，西沢 修氏の次のような論述が注目される。

「現在のところ，一般に国際法上管轄に関する一国主権の制限を見出すことは困難であり，管轄に関する国内立法は渉外事件にも適用せられるものと解せられ，従ってわが国の裁判所は養子の住所が日本にある場合にのみ（家審則63条参照）確認・許可等の管轄権を有するものと解するの他はないであろう」[61]。

そこでは，「管轄に関する国内立法は渉外事件にも適用せられる」とされているが，「家審則63条参照」という文言からして，家事審判規則63条がそのまま適用されるのではなく，その類推が考えられているものと思われる。そして，その結果として養子の住所地国にのみ裁判管轄を認めるという準則が導出されている。先にもみたように，池原教授も，養子の住所地国に国際裁判管轄を認めることの合理性に異論がないとされる際に，「わが家事審判規則63条も同様な考慮によるものと思われる」と指摘しておられた。

ところで，昭和62年の法改正によりわが国では従来の契約型の養子縁組の他に，家庭裁判所によって成立する特別養子縁組という決定型の養子縁組が認

められた。そして，それに対応して家事審判規則64条の3は特別養子縁組成立事件について「養親となるべき者の住所地」の家庭裁判所にのみ裁判管轄を認めている。その趣旨は，特別養子縁組の場合には試験養育を通じての慎重な調査がなされるので，その調査審理を行うのに適している養親の住所地の裁判所に管轄を認めるべきである，という点にある。それでは，国際的な特別養子縁組の場合には同規定を類推すべきであろうか。その点との関連において，早田芳郎教授の見解が注目される。その趣旨はおよそ次のようである。

　　特別養子縁組の成立に関する裁判管轄を養親の住所地に認める家事審判規則64条の3は，法改正により特別養子縁組事件の審判手続に導入された「いわゆる試験養育制度」を考慮に入れたものである。試験養育は養親の住所地で行われるのが一般であるので，そこの裁判所に裁判管轄を認めるのが相当である。このような考慮は，国際裁判管轄の決定の際にも必要である。そうとすると，問題となるのは養子の住所地国の管轄権の有無である。例えば，外国に住所を有する外国人が日本に住所を有する子を養子とするため，日本の家庭裁判所に特別養子縁組を成立させる審判の申立をした場合，養子の住所地国としての日本の裁判所の管轄権を認めるべきかどうか。その場合，養親が養子と日本で同居して試験養育をすることも可能であるが，日本国外で試験養育をすることもありうる。しかし，日本国外で試験養育をするときには，外国での試験養育の実情を把握することには困難がともなう。したがって，特別の事情がある場合を除いて，「特別養子縁組事件について，養親の住所が日本にないのに，養子の住所が日本にあるというだけで，日本の裁判所の管轄権を認めるのは適当とは思われない」[62]。

　そこでは，養子縁組を普通養子縁組と特別養子縁組という二つの範疇に分けるという日本民法の立場が前提とされている。もっとも，そこにおいて特別養子縁組につき普通養子縁組とは異なる裁判管轄の準則を提示する際に述べられている理由――外国での試験養育の実情を把握することには困難がともなうと

いう理由——を考慮に入れると，裁判管轄の平面で設けられる特別養子縁組という範疇は，養子縁組を認めるにあたり試験養育が必要となることを要求するものであり，それ以上のものではない——わが国の民法におけるように養子と実方との親族関係を終了させることまでも要求するものではない——ということになるのではなかろうか。しかし，養子縁組を認めるにあたり試験養育が必要となるか否かは，養子縁組の準拠法が決めることがらである。そうとするならば，上記の立場は裁判管轄の存否を決定するにあたり，本案の審理の際に必要となる準拠法の決定及びその内容調査を要求することになろう。他方，わが国で特別養子縁組という範疇が認められていない時代においても，準拠法が試験養育を要求する場合がかなり多かったように思われる。例えば，養子決定を要求する英米法が準拠法となる場合がそうである。そしてこれまでわが国の多数説はそのような場合にもできるだけその要求にそうように努力すべきであるとみなしてきたのではなかろうか。更に，早田教授によって指摘されているのは，要するに，養親の適格性につき適切な判断を下しうるのは養親の住所地国であるということであるように思われるが，そのことは何も特別養子縁組の場合にのみあてはまるのではないことは先にも述べたごとくである。そして，養親の住所地国に裁判管轄を認めるときであっても，養親が養子の住所地国たる外国で試験的養育を行う場合には，養親の適格性につき適切な判断を下すという観点からすると問題が生じるのである。要するに，普通養子縁組と特別養子縁組という区分は確かにわが国の民法において採用されているのであるが，それをそのまま国際裁判管轄の平面に導入することには問題があるように思われる。平成元年の法例の一部改正の際に，準拠法の平面においてはそのような区分は導入されていないことも，参考にされるべきであろう。養子縁組の国際裁判管轄の問題について先に述べたような利害状況は，いわゆる普通養子縁組の場合か特別養子縁組の場合かによって異なるものではないように思われるので，家事審判規則64条の3——それはわが国の民法における区分をそのまま国内裁判管轄の平面に導入したものであり，しかも養親の居住地の家庭裁判所が養子の要保護性に関する判断を適切に下すことにはさほどの困難はともなわ

ないという，国内養子縁組にのみあてはまるような考慮に基づいている——は国際裁判管轄の問題に類推されるべきではないように思われる。因みに，石黒一憲教授は，特別養子縁組の場合につき試験養育の実施を念頭におきつつ，養親の住所地管轄を原則とする反面で，養子の住所地管轄を極端に限定する早田教授の考えに反対される。教授は「むしろ子供の居住地国の側でイニシアティヴをとりつつ養親居住地国側と協力してゆくのが，むしろ本来の姿と思われる」と述べられ，更に，養子の住所地管轄を極端に限定する立場は「安易に子供を国外に連れだす傾向」を助長する，と指摘される[63]。

なお，平成元年から5年までの国際的な普通養子縁組を認容した件数のうちで，「圧倒的多数は両者共に日本国内に住所を有する場合である」[64]ようである。そうとすると，先に述べた観点からは，その「圧倒的多数」のケースの場合には国際裁判管轄に関しては少なくとも理論上は——わが国の裁判所が養子たるべき者の要保護性の判断と養親たるべき者の適格性の判断の双方を最も適切に判断しうる裁判所であったという意味で——養子の福祉にとってまったく問題がなかったということになろう。

ところで，先にもみたように，川上教授は養子縁組許可の国際裁判管轄に関する基本的準則を提示される際に，養親たるべき者の本国が日本でなされた養子縁組許可の効力を承認することという条件を提示しておられた。それは，「わが法例上養子縁組の効力を支配すべき養親の本国法がその効力を認めないような養子縁組」・「跛行的養子縁組」を避けるためである[65]。おそらく，「養子縁組の効力」が問題となる国——川上教授によると法例における養子縁組の効力の準拠法所属国，即ち養親の本国——において管轄要件からして承認されない蓋然性の強い養子縁組の許可は，子の福祉の観点からしてなすべきではない，という趣旨であろう。そうとするならば，その趣旨をもっと純化すると次のようになろう。つまり，子の福祉という観点からしてわが国の裁判所による養子縁組の許可がその承認をえることがぜひとも必要な国は，養親子の生活が実際に営まれると予想される国であって，「わが法例上養子縁組の効力を支配すべき養親の本国法」が属する国とは限らないので，前者の国での承認可能性

を考慮に入れるのが筋である，と。養親子の生活が営まれる国において管轄要件からして承認されないような養子縁組の許可を与えることは，子の福祉にとって有害となるからである。そして，そのような考えを一貫すると，おそらくは，準拠法の平面でも基本的準則と平行して，上記の条件に類したもの——例えば養親子の生活が営まれる国において準拠法要件などからして承認されないと予測されるときには，準拠法上認められる養子縁組であっても許可すべきではないとするもの——を付加すべきであるということになろう。

4 おわりに

以上，わが国において国際養子縁組をなす場合に関するわが国の法規制を，子の福祉という観点から準拠法と国際裁判管轄に焦点を合わせつつ，概観してみた。それは次のように要約されうる。

まず，準拠法決定については，いわゆる伝統的な抵触法上の利益という平面において，明治31年の改正前法例19条のみならず平成元年の改正法例20条も主として子の利益を考慮に入れるという態度を示していないことが確認された。特に改正法例20条が民法における子のための特別養子制度の導入の後につくられたにもかかわらず，主として親の利益を中心に据えて，補充的にのみ子の利益を考慮に入れていることは意外といえよう。次に，実質法上の利益という平面における子の利益については，公序則が関わってくることはいうまでもない。実際にも，準拠外国法が養子縁組の成立に不当な法的制約を設けていると思われる場合には，子の福祉のために公序則が介入せしめられてきた。そのような公序則の役割についてはおそらく何人も異論はなかろう。これに対して，子の福祉にとって重要と思われるにもかかわらず，実務ではあまり意識されていないおそれがある問題が存する。それは準拠外国法が養子決定を要求している場合に関係する。一般に養子決定は子の福祉のために周到且つ綿密な調査及び厳格な審査を要求し——その意味でわが国の普通養子制度よりも子の福祉にかなう——，その上で裁判所の決定により縁組を成立させる制度である

が，わが国の実務においてはどちらかといえば決定によって養子縁組を成立させるという形式的な側面――それを普通養子縁組制度のもとでどのように実施するのかという観点から――に関心が向けられ，その制度の本来の趣旨である子の福祉のための周到且つ綿密な調査と厳格な審査という実質的な側面には十分には注意が払われなかったのではないのか，という疑いが生ずる余地はあったように思われる。最後に，国際裁判管轄については，子の福祉を図るのにふさわしい国の裁判所に国際裁判管轄を認めるべきであるという観点からすると，判例と学説の多数の立場はまったく問題を含んでいないわけではないことが確認された。もっとも，最近の実務においては，多数説を適用しても子の福祉からして問題がないといえる事案が大半のようではある。

1) その問題については石黒教授が指摘され，再三論じてこられた。石黒一憲「国際的養子斡旋・養子縁組の諸問題」『講座・現代家族法（第3巻　親子）』387頁以下を参照。同400頁の（注1）では同教授の従来の論稿が掲げられている。更に，海老沢美広「国際養子の問題点」ジュリスト1059号147-148頁も参照。また，当該問題に関する国際的な法的規制については「国際養子縁組に関する子の保護及び協力に関する条約」（1993年ハーグ養子条約）が重要である。その条約については鳥居淳子「国際養子縁組に関する子の保護及び協力に関する条約について」国際法外交雑誌93巻6号1頁以下を参照。
2) また，外国養子縁組の承認の問題も本稿では扱わない。その問題については海老沢・前掲148頁以下を参照。
3) 久保岩太郎「親子」『国際私法講座（第2巻）』603頁。
4) 折茂豊『国際私法（各論）〔新版〕』361頁。
5) 池原季雄「わが国際私法における本国法主義」法学協会雑誌79巻6号709-710頁。
6) 折茂・前掲369頁。
7) 同371頁。
8) 同370頁。
9) 家庭裁判月報13巻11号108頁。
10) 池原季雄「養子縁組の成立に関する国際私法上の二，三の問題」家庭裁判月報6巻7号9頁。
11) 山田鐐一『国際私法』417頁。
12) 同72頁。

13) 同 414 頁。
14) 怺場準一「養子縁組・離縁の準拠法及び国際的管轄」『講座・実務家事審判法（第5巻）』252 頁。
15) 家庭裁判月報 19 巻 11 号 122 頁。
16) 溜池良夫『国際私法講義（第 2 版）』479 頁。
17) 海老沢美広「国際家族法つれづれ」家庭裁判月報 29 巻 9 号 66-67 頁。
18) 家庭裁判月報 11 巻 8 号 131 頁。
19) 家庭裁判月報 11 巻 10 号 114 頁。
20) 家庭裁判月報 11 巻 12 号 144 頁。
21) 海老沢・前掲（注 17）65-66 頁。
22) 山田「法例改正要綱試案（親子の部）解説」民商法雑誌 72 巻 2 号 228 頁。
23) 同 229 頁。
24) 南敏文『改正法例の解説』134 頁。
25) 櫻田嘉章『国際私法（第 2 版）』276 頁。
26) 松岡博「『法例改正中間報告』について」国際法外交雑誌 86 巻 1 号 73 頁。
27) 多喜寛『近代国際私法の形成と展開』171，172 頁を参照。更に，折茂・前掲 364 頁も参照。
28) 山田・前掲（注 22）235 頁。
29) 南敏文「法例の一部改正について」ジュリスト 943 号 42 頁。なお，養子縁組の準拠法に関する比較法的考察などについては，横山潤『国際家族法の研究』204 頁以下を参照。
30) 怺場・前掲 248 頁。
31) 南・前掲（注 29）42 頁。
32) 怺場・前掲 248 頁。
33) 同 248 頁。
34) 南・前掲（注 24）142 頁。
35) 道垣内正人「親子関係」法学教室 226 号 109 頁。
36) 家庭裁判月報 41 巻 11 号 102 頁。
37) 家庭裁判月報 44 巻 9 号 89 頁。
38) 家庭裁判月報 43 巻 3 号 98 頁。
39) 家庭裁判月報 51 巻 7 号 93 頁。
40) 家庭裁判月報 46 巻 8 号 124 頁。
41) 植松真生「法例における"セーフ・ガード"条項について」一橋論叢 116 巻 1 号 197 頁。
42) 道垣内・前掲 111 頁。
43) 同 111 頁。

44) 烁場・前掲 255 頁，及び南・前掲（注 24）149 頁。
45) それ以前の裁判例については，烁場・前掲 259-260 頁を参照。
46) 家庭裁判月報 47 巻 12 号 58 頁。
47) ジュリスト 1140 号 150 頁。
48) 家庭裁判月報 51 巻 7 号 93 頁。
49) 松岡博「渉外親子関係事件における子の利益保護」国際私法年報 1 号 47 頁も「子の利益保護のために公序条項の果たす役割は大きい」と述べる。
50) 江川英文『国際私法（改定）』283 頁。もっとも，江川「国際私法における裁判管轄権」法学協会雑誌 60 巻 3 号 387 頁は養親の本国の裁判所に管轄を認めるのを原則とする。
51) 池原・前掲 10 頁。
52) 山田・前掲（注 11）431-432 頁。
53) 山田「養子縁組の準拠法，管轄権および裁判の承認」『現代家族法大系（第 3 巻）』（1979 年）223 頁。
54) 田村精一「判例研究」私法判例リマークス 2 号 161 頁。
55) 多喜「判例研究」ジュリスト 663 号（1978 年）125 頁。川上太郎「養子縁組の国際的裁判管轄と準拠法問題」民商法雑誌 62 巻 4 号 616 頁も次のように述べている。「養子縁組が養子の幸福となるかどうかは養親たるべき者の生活によって左右されるのだから，養親たるべき者の居住地国がこれを管轄する必要があることは言うをまたない。しかしながら他面において，養子たるべき者の幸福利益をはかるうえにはこの者を養子として縁組させることが適当であるかどうかをこの者の居住する地で確かめたうえで決定せらるべきものであり，このためには養子たるべき者の居住地国に管轄させる必要がある」。
56) 同 125 頁。
57) 川上・前掲 615-616 頁。
58) 同 616 頁。
59) 田村・前掲 162 頁。
60) 家庭裁判月報 41 巻 11 号 102 頁。
61) 西沢修「外国人との養子縁組」『家族法大系（第 4 巻）』250 頁。
62) 早田芳郎「国際私法における特別養子縁組」家庭裁判月報 40 巻 4 号 18 頁以下。豊澤佳弘「未成年者特別養子縁組・離縁の裁判管轄と準拠法」判例タイムズ 747 号 467 頁も同旨。
63) 石黒・前掲（注 1）399 頁。
64) 鳥居・前掲 41 頁。
65) 川上・前掲 616 頁。

初 出 一 覧

第1章　中央大学『法学新報』第112巻11・12号　2006年7月30日。
第2章　中央大学『法学新報』第109巻3号　2002年7月30日。
第3章　日本比較法研究所『比較法雑誌』第37巻1号　2003年6月30日。
第4章　法律文化社　日本国際経済法学会編『日本国際経済法学会年報』第14号　2005年11月10日。
第5章　中央大学『法学新報』第98巻1・2号　1991年8月20日。
第6章　三省堂　国際法学会編『日本と国際法の100年　第5巻　個人と家族』2001年10月。

多喜 寬

昭和 50 年 3 月　東北大学大学院法学研究科博士課程修了
昭和 50 年 4 月　東北大学法学部助教授
昭和 63 年 4 月　東北大学法学部教授
平成 9 年 4 月　中央大学法学部教授（現在に至る）

〈主要著書・論文〉
『国際私法の基本的課題』（中央大学出版部　1999 年）
『国際仲裁と国際取引法』（中央大学出版部　1999 年）
『国家契約の法理論』（中央大学出版部　2007 年）
「国際法と国内法の関係についての等位理論」法学新報第 105 巻第 6・7 号（1999 年）
「わが国の国際法学における国家承認論 (1)(2・完)」法学新報第 108 巻第 1 号, 第 2 号（2001 年）
「国際法における法の一般原則について—横田・田岡論争を中心に—」法学新報第 109 巻第 5・6 号（2003 年）
「外国の国際法学における国家承認論」法学新報第 117 巻第 1・2 号（2010 年）
'Die Entstehung des Gewohnheitsrechts und die opinio juris : von Puchtas Lehre zu Gény's Lehre', in : Festschrift für K. Yamauchi (2006)
'Effectiveness' in : Max Planck Encyclopedia of Public International Law (the online edition)
'Opinio Juris and the Formation of Customary International Law : A Theoretical Analysis', German Yearbook of International Law, Vol. 51 (2008)

関水信和

㈱ゲノム創薬研究所
千葉商科大学大学院政策研究科博士課程修了
博士（政策研究）

国際私法・国際取引法の諸問題

日本比較法研究所研究叢書（80）

2011 年 2 月 1 日　初版第 1 刷発行

著　者　多　喜　　寬
発行者　玉　造　竹　彦
発行所　中央大学出版部
〒 192-0393
東京都八王子市東中野 742 番地 1
電話 042-674-2351・FAX 042-674-2354
http://www2.chuo-u.ac.jp/up/

© 2011　多喜　寬　　ISBN978-4-8057-0579-7　　㈱大森印刷

日本比較法研究所研究叢書

#	著編者	タイトル	判型・価格
1	小島武司 著	法律扶助・弁護士保険の比較法的研究	A5判 2940円
2	藤本哲也 著	CRIME AND DELINQUENCY AMONG THE JAPANESE-AMERICANS	菊判 1680円
3	塚本重頼 著	アメリカ刑事法研究	A5判 2940円
4	小島武司・外間寛 編	オムブズマン制度の比較研究	A5判 3675円
5	田村五郎 著	非嫡出子に対する親権の研究	A5判 3360円
6	小島武司 編	各国法律扶助制度の比較研究	A5判 4725円
7	小島武司 著	仲裁・苦情処理の比較法的研究	A5判 3990円
8	塚本重頼 著	英米民事法の研究	A5判 5040円
9	桑田三郎 著	国際私法の諸相	A5判 5670円
10	山内惟介 編	Beiträge zum japanischen und ausländischen Bank- und Finanzrecht	菊判 3780円
11	木内宜彦・M・ルッター 編著	日独会社法の展開	A5判 (品切)
12	山内惟介 著	海事国際私法の研究	A5判 2940円
13	渥美東洋 編	米国刑事判例の動向Ⅰ	A5判 5145円
14	小島武司 編著	調停と法	A5判 4384円
15	塚本重頼 著	裁判制度の国際比較	A5判 (品切)
16	渥美東洋 編	米国刑事判例の動向Ⅱ	A5判 5040円
17	日本比較法研究所 編	比較法の方法と今日的課題	A5判 3150円
18	小島武司 編	Perspectives on Civil Justice and ADR : Japan and the U.S.A	菊判 5250円
19	小島・渥美・清水・外間 編	フランスの裁判法制	A5判 (品切)
20	小杉末吉 著	ロシア革命と良心の自由	A5判 5145円
21	小島・渥美・清水・外間 編	アメリカの大司法システム(上)	A5判 3045円
22	小島・渥美・清水・外間 編	Système juridique français	菊判 4200円

日本比較法研究所研究叢書

23	小島・渥美・清水・外間 編	アメリカの大司法システム(下)	A5判 1890円
24	小島武司・韓相範編	韓国法の現在(上)	A5判 4620円
25	小島・渥美・川添・清水・外間 編	ヨーロッパ裁判制度の源流	A5判 2730円
26	塚本重頼著	労使関係法制の比較法的研究	A5判 2310円
27	小島武司・韓相範編	韓国法の現在(下)	A5判 5250円
28	渥美東洋編	米国刑事判例の動向Ⅲ	A5判(品切)
29	藤本哲也著	Crime Problems in Japan	菊判(品切)
30	小島・渥美・清水・外間 編	The Grand Design of America's Justice System	菊判 4725円
31	川村泰啓著	個人史としての民法学	A5判 5040円
32	白羽祐三著	民法起草者穂積陳重論	A5判 3465円
33	日本比較法研究所	国際社会における法の普遍性と固有性	A5判 3360円
34	丸山秀平編著	ドイツ企業法判例の展開	A5判 2940円
35	白羽祐三著	プロパティと現代的契約自由	A5判 13650円
36	藤本哲也著	諸外国の刑事政策	A5判 4200円
37	小島武司他編	Europe's Judicial Systems	菊判(品切)
38	伊従寛著	独占禁止政策と独占禁止法	A5判 9450円
39	白羽祐三著	「日本法理研究会」の分析	A5判 5985円
40	伊従・山内・ヘイリー 編	競争法の国際的調整と貿易問題	A5判 2940円
41	渥美・小島 編	日韓における立法の新展開	A5判 4515円
42	渥美東洋編	組織・企業犯罪を考える	A5判 3990円
43	丸山秀平編著	続ドイツ企業法判例の展開	A5判 2415円
44	住吉博著	学生はいかにして法律家となるか	A5判 4410円

日本比較法研究所研究叢書

45	藤本哲也 著	刑事政策の諸問題	A5判 4620円
46	小島武司 編著	訴訟法における法族の再検討	A5判 7455円
47	桑田三郎 著	工業所有権法における国際的消耗論	A5判 5985円
48	多喜寛 著	国際私法の基本的課題	A5判 5460円
49	多喜寛 著	国際仲裁と国際取引法	A5判 6720円
50	眞田・松村 編著	イスラーム身分関係法	A5判 7875円
51	川添・小島 編	ドイツ法・ヨーロッパ法の展開と判例	A5判 1995円
52	西海・山野目 編	今日の家族をめぐる日仏の法的諸問題	A5判 2310円
53	加美和照 著	会社取締役法制度研究	A5判 7350円
54	植野妙実子 編著	21世紀の女性政策	A5判 (品切)
55	山内惟介 著	国際公序法の研究	A5判 4305円
56	山内惟介 著	国際私法・国際経済法論集	A5判 5670円
57	大内・西海 編	国連の紛争予防・解決機能	A5判 7350円
58	白羽祐三 著	日清・日露戦争と法律学	A5判 4200円
59	伊従寛 他編	APEC諸国における競争政策と経済発展	A5判 4200円
60	工藤達朗 編	ドイツの憲法裁判	A5判 (品切)
61	白羽祐三 著	刑法学者牧野英一の民法論	A5判 2205円
62	小島武司 編	ADRの実際と理論 I	A5判 (品切)
63	大内・西海 編	United Nation's Contributions to the Prevention and Settlement of Conflicts	菊判 4725円
64	山内惟介 著	国際会社法研究第一巻	A5判 5040円
65	小島武司 著	CIVIL PROCEDURE and ADR in JAPAN	菊判 (品切)
66	小堀憲助 著	「知的(発達)障害者」福祉思想とその潮流	A5判 3045円

日本比較法研究所研究叢書

67	藤本哲也 編著	諸外国の修復的司法	A5判 6300円
68	小島武司 編	ＡＤＲの実際と理論Ⅱ	A5判 5460円
69	吉田豊 著	手付の研究	A5判 7875円
70	渥美東洋 編著	日韓比較刑事法シンポジウム	A5判 3780円
71	藤本哲也 著	犯罪学研究	A5判 4410円
72	多喜寛 著	国家契約の法理論	A5判 3570円
73	石川・エーラース・グロスフェルト・山内 編著	共演 ドイツ法と日本法	A5判 6825円
74	小島武司 編著	日本法制の改革：立法と実務の最前線	A5判 10500円
75	藤本哲也 著	性犯罪研究	A5判 3675円
76	奥田安弘 著	国際私法と隣接分野の研究	A5判 7980円
77	只木誠 著	刑事法学における現代的課題	A5判 2835円
78	藤本哲也 著	刑事政策研究	A5判 4620円
79	山内惟介 著	比較法研究第一巻	A5判 4200円

＊価格は消費税５％を含みます。